創見文化，智慧的銳眼
www.book4u.com.tw　　www.silkbook.com

創見文化，智慧的銳眼
www.book4u.com.tw　　www.silkbook.com

創見文化，智慧的銳眼
www.book4u.com.tw　www.silkbook.com

創見文化，智慧的銳眼
www.book4u.com.tw　www.silkbook.com

# 立即免疫，讓你一輩子都**好脾氣**的

# 8個Q對策

Happiness

How to improve your 8Q.

## 微笑送走壞情緒，你會發現人生更順利。

HQ 健康商數 Health Quotient

情緒商數 Emotion Quotient EQ

LQ 學習商數 Learning Quotient

逆境商數 Adversity Quotient AQ

MQ 道德商數 Moral Quotient

運氣商數 Luck Quotient LQ

FQ 信心商數 Faith Quotient

快樂商數 Happiness Quotient HQ

企業管理專業顧問 **林均偉**◎著

美國著名心理學家丹尼爾・高曼（Daniel Goleman）曾在其著作《EQ》（Emotional Intelligence）一書當中，將情緒定義為「感覺及其特有的思想、生理與心理的狀態，以及相關的行為傾向。」

　　我們可以將其解釋為，當個人受到了外界刺激之後，所產生的情感經驗，例如喜悅、驚訝、生氣等等。當個人處在某種情緒狀態時，除了會引發主觀的感受之外，在生理上，身體也會開始出現明顯的變化，例如心跳加速、呼吸急促、流汗等等。若是綜觀不同定義的話，我們可以將情緒解釋成……

　　✓ 一個涵蓋性的詞語，表示諸多不同的情感。

　　✓ 一種心理上的歷程，有關於我們的精神變化。

　　✓ 一種會影響個人的行為、思考、生理、心理的狀態。

　　✓ 一種傳達訊息的媒介，能夠將個人對於外在環境與事件的主觀理解，表現出來。

　　你很容易可以感覺到，在生活步調過快的現代社會裡，多數人通常都有著易怒、脾氣暴躁的傾向，當情緒一時湧上來時，他很難去適當控制住，如果壓抑不下來，就得發洩出來傷人。然而個人情緒的管理其實對於人際關係的影響非常深刻，你可以想見，如果一個人的情緒控管不佳，那麼他周遭的人一定都會離他遠遠的，不只對外，對人際關係有害之外；對內，對身心健康也有害處。

　　愛發脾氣，其實就是一種敵意和憤怒的心態。這可以分兩種類型：一種是無論事情的是非對錯，自己就是控制不住想發脾氣，這種就是與過去

的經驗有關。因為他將後來所發生的新事物，也自動地與過去的經驗連結在一起，於是以前的那些不滿情緒一齊湧上心頭，火氣便上來了。

而另一種是，與個人對於事件的看法有關，當人們的主觀願望與客觀現實相悖時，就會產生這種消極的情緒反應。例如喜愛的球隊因為策略失誤而打輸球了，因為他們辜負了我們的期待而憤怒不已。

現今已有不少的醫學研究發現，情緒與免疫力有著極密切的關係。

例如，當我們觀看輕鬆快樂的影片片段時，相較於看到悲傷情節的片段時，心臟的血管回復正常運作的速度比較快，同時情緒也會影響某些好的細胞的增加，並提高免疫系統的能力。

也就是說，許多疾病都與負面情緒有著關係。例如，愛發脾氣，不僅是強化與誘發心臟病的致病因素，更會增加罹患其他疾病的機率，幾乎可以說是一種典型的慢性自殺；而壓抑憤怒的女性，在研究上顯示出較容易罹患乳癌，因為在壓力下所釋放出來的荷爾蒙，會強烈地影響個人的免疫力與身體健康。

因此為了確保生理、心理的健康，我們必須學會控制自己，克服情緒管理不佳的壞毛病。你應該提升對情緒健康的關注，除了要正確認識情緒之外，了解自我，提升個人的抗壓力、抗挫力，以及保持健康的生活方式等等，更是預防情緒疾病的最佳方法。因此，我們需要從根本來著手培養正面的情緒和樂觀積極的思想。若你能有效地管理自己的情緒，不但有益於身心健康，更能使人際關係產生良好的發展，同時還能使工作效能提高，如此便能形成一個好的正向的循環。

那麼我們如何有效地去認識與抒發各種負面情緒、使得自己更融於他人呢？

本書將分別從八個影響層面較大的「Q對策」（商數）開始談起，

主要包括了：快樂商數（HQ, Happiness Quotient）、逆境商數（AQ, Adversity Quotient）、信心商數（FQ, Faith Quotient）、學習商數（LQ, Learning Quotient）、道德商數（MQ, Moral Quotient）、情緒商數（EQ, Emotion Quotient）、健康商數（HQ, Health Quotient）與運氣商數（LQ, Luck Quotient）。

希望讀者朋友們在閱讀本書後，能夠藉由改善與提升個人的八種商數，來有效「排解怒氣」、「消除緊張與壓力」、「去除悲觀聯想」等種種負面情緒。幫助你的情緒自我調節能力逐步成長，不再為情緒問題所困擾，讓你能有效走出錯誤的悲觀象牙塔，做回自己情緒的真正主人。

內容收錄了妙趣橫生且寓意深遠的故事：故事描寫具體不抽象，沒有艱澀的辭彙和難懂的意境，同時加上淺顯易懂的詳盡解析，只要用「心」去領會，就能受用於日常生活當中。

泰國的傳奇人物白龍王曾說過這樣的話，與讀者朋友們分享──

「人只要脾氣好，凡事就會好。」

讓我們試著善待他人，讓自己的內心充滿愛，擁有大一點的胸懷，包容別人的過失，愛自己的朋友，尊重你的對手，珍惜眼前的幸福，放棄那些該放棄的，試著去接受難以改變的現狀，或者去改變，學習去換一種思維來思考問題、解決問題，經常微笑與忍讓，不要怕受委屈，讓我們以從容淡定、無懼無礙、陽光般的心態來享受生活⋯⋯這就對了！

作者　謹識

# Chapter 1

## 快樂商數 😊 現在的一切，就是最好的安排

**01** 什麼是快樂商數？ ………………………… 012

**02** 你為什麼不快樂？ ………………………… 016

**03** 追逐海市蜃樓只會讓你遠離自己 ………… 021

**04** 你的欲望越多，快樂就會越少 …………… 025

**05** 別讓大腦的想像輕易地騙過你 …………… 030

**06** 助你轉化負面思考的 ABCDE …………… 035

**自我測驗** 🕐 你的快樂指數究竟有多高？ ………… 040


# Chapter 2

## 逆境商數 😊 你可以暫時失意，但不要失志

**07** 什麼是逆境商數？ ………………………… 050

**08** 影響逆境反應的四大元素 ………………… 056

**09** 高 AQ 助你不抱怨，只解決問題 ………… 061

**10** 逆境求生的「史托克戴爾弔詭」 ………… 067

**11** 改變既定觀念，凡事往好處想 …………… 072

**12** 用幽默調整人生的鏡頭 …………………… 077

**自我測驗** 🕐 遭遇困境時，你的情緒保護色是哪種模樣？ 082

## Chapter 3

# 信心商數 😀 勇氣無法適應環境，只能改變

**EQ**

**13** 什麼是信心商數？ ···················· 088

**14** 清楚自己的長處和價值 ················ 092

**15** 適者生存，你要能順應改變 ············ 097

**16** 方向對了，就不怕路遠 ················ 103

**17** 堅持不了時，你該思考的事 ············ 109

**18** 多想別人感受，更有良好溝通 ·········· 114

**自我測驗** 🕐 哪一種跳脫低落情緒的方法最適合你？ ········ 119

## Chapter 4

# 學習商數 😀 茁壯，才能找到通往對立面的路

**EQ**

**19** 很多事情，其實並不複雜 ·············· 124

**20** 學習商數助你提升處事態度 ············ 129

**21** 別人失意時，別提自己得意事 ·········· 134

**22** 你控制不了情緒和欲望嗎？ ············ 138

**23** 正向心理助你一臂之力 ················ 143

**24** 接觸新事物，才有成長的空間 ·········· 148

**自我測驗** 🕐 你的學習傾向如何呢？ ·············· 153

## Chapter 5

# 道德商數 😊 要相信自己的內在，還是別人

MQ

**25** 什麼是道德商數？ ·············· 158

**26** 好修養，換位思考想一想 ·············· 163

**27** 反省，是進步的踏腳石 ·············· 168

**28** 相信自己，解開矛盾與誤會 ·············· 172

**29** 揚長避短，能屈能伸為可貴 ·············· 176

**30** 誠實的人必多得福 ·············· 180

自我測驗 🕐 那個人的道德感指數有多高？ ·············· 185

## Chapter 6

# 情緒商數 😊 那些整不死你的，使你更強壯

EQ

**31** EQ，肯定比 IQ 更重要 ·············· 190

**32** 情緒是客人，你是主人 ·············· 196

**33** 讓你過度壓抑的情緒勞動 ·············· 200

**34** 不自覺的情緒勒索行為 ·············· 207

**35** 你是否擁有好的情緒適應能力？ ·············· 215

**36** 情緒會影響你的悲觀與樂觀 ·············· 220

自我測驗 🕐 生活上是什麼讓你不快樂？ ·············· 223

Chapter
**7**

# 健康商數 😃 計較太多的人，通常失去最多

《37》 別執著：人生就像大雁過河 …………………… 234

《38》 你的易怒是生病了嗎？ …………………… 237

《39》 保持健康身心，盛怒不開口 …………………… 242

《40》 如何改善壓力對你造成的影響？ …………………… 246

《41》 心理影響生理的特徵 …………………… 250

《42》 身體也需要進行情緒排毒 …………………… 254

自我測驗 🕐 你的情緒是否健康？ …………………… 258

Chapter
**8**

# 運氣商數 😃 身處黑暗，還能相信一絲希望

《43》 運氣是留給真正努力過的人 …………………… 262

《44》 樂觀可以經由學習得來 …………………… 266

《45》 釋懷那些你已無法選擇的 …………………… 270

《46》 命好，不如養成的習慣好 …………………… 276

《47》 希望是驅動你持續前進的力量 …………………… 282

《48》 感恩的人總能從挫敗裡再站起來 …………………… 287

自我測驗 🕐 平時你是悲觀還是樂觀的人？ …………………… 292

# Happiness Quotient

**01** 什麼是快樂商數？

**02** 你為什麼不快樂？

**03** 追逐海市蜃樓只會讓你遠離自己

**04** 你的欲望越多，快樂就會越少

**05** 別讓大腦的想像輕易地騙過你

**06** 助你轉化負面思考的 ABCDE

自我測驗 你的快樂指數究竟有多高？

HQ

# 快樂商數

現在的一切，就是最好的安排

*Happiness Quotient*

# 01 什麼是快樂商數？

如果單純想要幸福，這很容易做到，但如果想要比別人幸福，這通常
很難達成，因為我們只會誇大別人的幸福。

—— 法國法學家　孟德斯鳩（Montesquieu）

## Case Sharing

你現在快樂嗎？

過著一成不變的日子已經到了極限？

覺得鬱悶無聊？不管發生什麼事都很難讓你開心？

莫名其妙地就是笑不出來？

還是，你看起來總是很開心，但那只是你偽裝出來的假象？

哈佛大學的心理學教授丹尼爾·吉伯特（Daniel Gilbert）曾說：

「人們之所以不快樂，是因為對快樂有錯誤的想像」，因為我們總是
以為只要達成或得到某件人事物就會變得比較快樂，但是事實並非我們所
想像的那樣。

著有《這一生的幸福計畫》一書的國際知名正向心理學權威索妮亞·
柳波莫斯基（Sonja Lyubomirsky）說道：「我研究了快樂之道十八年，
卻也不免落入和其他人一樣的心理窠臼。當我買了一輛期盼已久的混合動
力新車的時候，興奮極了！但是僅僅兩個月，開這輛車的感覺就變成了家
常便飯。快樂就像減肥，我們都知道如何甩掉幾磅體重，但是重點卻在於

如何保持下去。」

　　雖然人們發明各種娛樂來找快樂，但卻沒有人真正去了解快樂到底是什麼，這就像是我們打掃時嫌麻煩，便將難以分類的各種物品全塞到抽屜裡去一樣，眼不見為淨只是一種「逃避」與延後去面對它而已，並沒有真的解決問題。因為你的東西沒有減少，抽屜有一天還是會不夠放。

### BEST 這樣想比較好

　　想想，現代人應該要是最快樂的一代，因為這是古往今來最舒適的年代了！物質不匱乏、也少有戰亂疾病。現代人有許多的享樂點子，但在最後得到的卻是「不快樂」，這聽來似乎很諷刺。

　　國外曾進行過一種快樂研究，專家在研究了四千對雙胞胎之後，結論在所謂的「快樂商數」（Happiness Quotient,HQ,個人心理狀態的愉悅程度）裡，「基因」占了50%，「生活環境」占了10%，而剩下40%的關鍵便在於「個人如何找快樂」。

　　換句話說，天生就擁有有利條件的人，例如在外表、健康、教育和財富上較為優勢的人，其實只比一般人多一點點的快樂，雖然這很難相信。

　　英國經濟學家理查·萊亞德（Richard Layard）認為，人類能很快適應物質上的富裕，當人們有錢了，能增加的快樂反而越來越少，這是因為人們已經「適應」了富裕生活。

　　孔子有云：「益者三樂，損者三樂：樂節禮樂，樂道人之善，樂多賢友，益矣；樂驕樂，樂佚遊，樂宴樂，損矣。」意思是，對人有好處的快樂有三種，對人有害處的快樂也有三種。言談舉止喜歡以禮節和音樂的精

神來節制、喜歡稱讚別人的好、喜歡結交賢能的朋友，這些事情都是有益的；然而喜歡縱情享受的快樂、喜歡游手好閒無所事事的快樂、喜歡飲酒征逐的快樂，這些事情都是有害的。」即然這樣，甚麼才是真正的快樂呢？

這與法國作家羅曼‧羅蘭（Romain Rolland）說的：「所謂內心的快樂，是一個人過著健全、正常、和諧的生活所能感到的快樂。」不謀而合。

孔老夫子說明了「人心的愛樂」將影響我們命運的損益，那麼你是否已經發現了「尋找快樂」的秘訣了呢？

## ◎ 找回初心，善待自己

你的不快樂，是否是因為忙碌且相似的每一天讓你忘了自己究竟為何而忙呢？如果你已遺忘了最初的目標或夢想，此時此刻何不暫時停下來，問問自己想要的到底是什麼？至今你仍好好地走在追求目標或夢想的道路上嗎？

別再從他人身上尋求自我認同與肯定，也別藉由他人來衡量自己的價值，因為我們來到這世上的目的並非迎合他人的期待，而你的人生也不屬於他人。

如果你不快樂，關注你的不快樂，而不是忽略；試著改變你的不快樂，而不做自我懲罰或放棄。自問是善待自己、理解自己，別和你自己保持距離，甚至無視自己，因為快樂就從找回初心的自己開始。

## ◎ 快樂的基石能讓你持續快樂

若你想維持長久的快樂，關鍵就在於要將目標放在美國心理學家馬丁·塞利格曼（Martin Seligman）所說的「真正快樂的基石」上。例如，尋找工作的熱情與成就感、增強親情的聯繫、努力去完成夢想等等，你要試著從更高的理想裡尋找快樂的意義，如此才能讓你持續保有快樂的泉源。

別只看到眼前的小快樂，將眼光放在目標更遠、更大的長久快樂上吧！

## ◎ 隨著年齡增長將越來越快樂

許多研究人生快樂曲線的理論都指出，當我們年紀越大時，就越能擁有更多滿足。假設一個人度過了最快樂的童年，但是他的快樂仍會在十幾歲到二十幾歲之間開始減少。接著隨著年齡的增長，他會越來越快樂。

心理學家表示年輕人往往會傾向於關注不好的事情，但是隨著年齡越大，我們就越能夠調整並克服這樣的態度；而老年人對於生活中的重大事件不會有太大的反應，較少出現負面情緒，一般來說，正面情緒較多。」

因此，無論年齡大小，當你又開始出現負面情緒時，不妨用釋懷的態度來轉化它，因為你的確會越老越快樂！

**Make you happy 維他命**

### 每天做三件好事！

每天至少做三件好事，就能快速增加幸福感。當你習慣了「付出」之後，就能持續地感受到快樂。可以的話請養成習慣，久而久之你就能明顯感受到「找快樂其實一點都不難」。

# 02 你為什麼不快樂？

我知道自己有滿身的缺點和瑕疵，卻仍然有人願意愛我、包容我，使我更有勇氣去面對那些冷酷的時刻。這世界確實不同於我們的想像，因此我們學會了珍惜與感謝。

—— 臺灣作家　張曼娟

## Case Sharing

據統計，有15％的人在過去的兩天內有過不快樂的感受，有30％至50％的人在過去兩周內有過不快樂的經驗。同時，在兩年內有過不快樂的感受的人占了50％至70％，在五年內則有80％。

那麼「快樂」到底是什麼呢？

書田診所精神科醫師陳家駒說：「快樂是擁有正面情緒的感受，獲得滿足感，也就是不讓負面情緒干擾及不滿占據心中。」而不快樂在門診中，不快樂的臨床表現前三名，分別為「憂鬱」、「失眠」及「人際關係困難」。

此外，一份「現代人，你快樂嗎？」的問卷，針對近一個月來八十位的個案（十三歲至七十六歲）進行了調查，其中涉及個人行為習性因素的占61％，也就是有關情緒、心理、行為、身心、生活型態、人格異常、精神疾病層面的問題。結果如下：

（1）情緒：焦慮、憂鬱的患者最多數，占39％。

（2）心理：壓力煩惱40%，頭暈、精神不集中10%，感覺異常、幻覺4%。

（3）行為：自傷12%，攻擊行為13%，強迫行為6%，其他(偷竊、購物等)10%。

（4）身心：結巴8%，腸胃功能受影響10%，疲乏10%，心臟血管功能10%，其他6%。

（5）生活型態：失眠37%，暴飲暴食16%，喝酒14%，抽煙12%，生活日夜顛倒6%，藥物度日4%。

以上都是不快樂所引發的各種身心狀況，你必須去探究原因，從根本上解決。同時要注意當你的「不快樂」已經導致生活中出現了「四不一沒有」的症狀時，如「不吃」、「不睡」、「不說」、「不快樂」、「沒有性慾」，就要小心精神狀況出問題了。

因為「四不一沒有」是不快樂導致精神疾病的常見症狀，任何人只要符合上述的其中一項，長期的負面情緒會造成日常生活失序，進而嚴重影響身心狀況，不得不慎。

## BEST 這樣想比較好

其實情緒是一種很自然的狀態，在生活環境中人、事、物的變化都會影響到我們的情緒。就好像三餐時間到我們就會肚子餓；溫度變高就會覺得熱一樣；當別人利用我，就會覺得生氣；當別人責罵我，就會覺得愧疚或難過。

而每個人對情緒的反應也有所不同，這是因為情緒的呈現是與個人過

去的成長經驗不同有關，當你看到感人的故事你會流眼淚，也許你與主角一樣遇到相同的難題；看到別人吵架、動粗你會害怕，也許是小時候父母吵架的畫面重現，讓你勾起了回憶，這些狀況都是我們成長過程中的諸多經驗，不容易忘記。

那麼長時間處在不快樂的情緒裡會如何？除了自身的情緒受影響外，還會導致日常生活的失序，例如，社交關係困難，出現偏差等行為或非正常人格，嚴重時可能併發各種精神症、身心症等心理異常。

因此，「思考自己為何不快樂」和「如何讓自己活得快樂」是現代人生活的重要課題。

## ◎ 喜歡比較？現在的你很好

每天的事情做不完，二十四小時根本不夠用，這讓你很憂鬱。即使如此我們還是很習慣地要求自己做更多，就怕自己沒有競爭力。如果今天有一個人說他生平無大志，只想找個「錢少」、「很閒」的工作來過日子就好，周遭的人大概都會覺得他不長進。

負面情緒有一部分原因在於我們喜歡比較，我們羨慕別人好、害怕自己糟透了，導致事情永遠越做越多，責任越扛越大。

我們難免以為外在事物，好比更大的房子、更好的工作、中樂透彩券能帶給我們歡樂。這些確實都可以為我們帶來短暫的喜悅，然而那種興奮之情必然會逐漸消失。

這麼一來，也許在這個高度競爭的社會裡，知足感恩的人會比較容易

快樂。停止比較，現在的你沒有你想的那麼糟。

## ◎ 生活枯燥？讓每一天都產生意義

　　人資管理大師戴夫・尤瑞奇（Dave Ulrich）認為，人要樂於工作，就必須讓自己每天做的事情是有意義的（對自己來說）、有貢獻的（對外界來說），如果還能有相處融洽的團隊，以及處於正向氛圍的環境就更棒了。而所謂「有意義的事」要怎麼尋找呢？

　　其實所謂的幸福，不是一種狀態，而是一種「活動」。

　　即使每天躺在海邊附近發呆，幾個月之後大概也膩了，而人生最大的幸福其實是「盡全力做你做得最好的事」。發揮自己的能力，每天都進步一點點，就能快樂一點點。

　　也就是說，思考自己的專長能對哪些人產生貢獻，結合「內在意義」與「外界貢獻」，就是能讓你變快樂的最大關鍵。

## ◎ 不知如何疏通情緒：心五式運動

　　精神科醫師陳家駒曾提出所謂的「心五式運動」，若你能隨時保有這五心，就可以讓你找回快樂，遠離疾病。那麼，「心五式運動」是什麼呢？

　　（1）真心溝通。

　　（2）耐心運動。

　　（3）甘心生活。

　　（4）放心睡覺。

　　（5）開心性生活。

　　每個人都會有心煩的時候，也都會有心累的那一刻，然而卻沒有幾個人知道如何正確地去疏通自己情緒上的「不舒服」。正因多數人都會選擇

忍耐，認為既然已改變無望就壓抑在心裡，有的人會乾脆恣意發洩，導致在錯的時間上對錯誤的人發洩了自己的負面情緒，讓事態更加惡化。

然而其實快樂沒那麼難尋，不妨嘗試去實行這五個開心祕方吧！

## ◎ 別因理所當然而過度宣洩情緒

真正懂事的人應該學會感恩、學會控制自己的情緒、學會調節自己的心情，從不要因為他人對你的在乎而去過度放大自己的情緒，也不要因為他人對你的包容而過分地發洩自己的脾氣，因為越在乎你的人越願意為你付出，然而他卻不要求有所回報，因為他是真的關心你、真正在乎你，請不要辜負這份心意。

你不要總是活在自己的世界裡，自我感覺良好；不要總是活在別人的世界裡，找不到自己。對於那些在乎你的人，你要感恩；對於別人的世界，你不要在意，你要活在當下，為你自己用心生活。

### Make you happy 維他命

#### 對別人感興趣吧！

試著對別人感興趣吧！這樣不僅能讓對方高興，而且更能使你從消極的情緒當中解脫出來，只要你願意，每個人都能讓你有嶄新的發現和想法上的激盪！

# 03 追逐海市蜃樓只會讓你遠離自己

所謂完美的文章不存在，就像完美的絕望並不存在一樣。

—— 日本小說家　村上春樹（Murakami Haruki）

## Case Sharing

　　艾倫從小就是「國際游牧民族」，他在不同的國家讀書工作，讓他有最好的資歷和能力。可是選擇在上海這個國際都市工作一段時間之後，他覺得自己非常地不快樂。

　　經過仔細思考，他發現自己不快樂的源頭是來自於——「老闆始終無法認同他」。於是他更深刻地去反思「為什麼我一定要得到老闆的認同才會快樂呢？」、「難道這份工作的意義，就是要一直去博得老闆一個人的掌聲嗎？」

　　他不斷地追根究柢於這些問題，他才了解自己太過在意權威者的態度，才讓自己無法專注於工作本身，甚至遺忘感受成就的快樂。

　　當我們在追逐某些事物的時候，一定要仔細地檢驗內容，你也許會發現自己追求的是「表面」的東西，如果你一直追逐表面的東西，那麼快樂也就永遠都「不深層」了。

　　特別是年輕人最容易追求不存在的東西就是——「物質的滿足」。

　　每個人的內心深處其實多少都設定了一些目標，想朝著目標前進。例如，年輕人會想要考公務員、認為所謂的成功就是擁有豪宅美人、或者是

在三十歲前賺到第一桶金等等。

　　仔細想想，每個人都會描述出自己心中的「理想形象」，然而這些理想有些卻像是「海市蜃樓」，讓人追著跑，卻很難得到，即使最終有一天達成目標了，但是內心虛幻的感覺卻可能依然存在，因為這些「目標」並非完全符合塞格利曼博士所說的「快樂的基石」的條件，反倒將讓我們更加遠離真實的自己。

## BEST 這樣想比較好

　　你覺得現在的自己快樂嗎？你想過自己不快樂的原因嗎？當你已經找到不快樂的原因，就可以想辦法去改變、去得到快樂嗎？

　　當我們感受到自己不開心時，大致上會有幾種解釋——例如，「我總是得不到自己想要的」、「我的表現不符合理想」（討厭自己）、「別人的態度不合我意」（埋怨環境）以及「為什麼別人就可以⋯⋯」（比較心態）。

　　你可以試著觀察，當你覺得不快樂時，多半是哪一種原因造成的？然後再更深層地去思考起因為何？例如，「為什麼我在意的人老是無視於我？」或者是「什麼樣的人我好像特別在乎他的看法？」等反求諸己的想法。

　　接著，用謙虛的心態去接受自己的種種醜陋、不夠完美的面貌，使用正確度數的眼鏡來看自己，試著去理解剝除層層包裝之後的自己，就是如此的真實，而這真實的自己一定也有它美麗的一面。

當你在完全真實不偽裝的自己面前，依舊可以感受到安心時，你就會發現快樂，隨處可得。

## ◎ 面對恐懼，解除心的不安

有很多人困擾於經常感受到沒有成就感、安全感，而這種不安是一種「不踏實」、「擔憂」、「害怕」的感覺，你很難讓自己平靜下來，因為不安讓你覺得畏懼，但是這個不安卻能讓你「追求改變」，因為生物都有「求生本能」，當你感受到不安的情緒時，你會很想要將這樣子的狀態「解除」，去逼迫自己去做出改變。

當你發現自己的不快樂是來自於擔憂之時，請主動去面對你的恐懼，並設法去改善、甚至解決這樣子的困境，好解除你的不安，讓狀況重新回到你的掌控之中，快樂就將隨處而至。

## ◎ 轉念，不快樂也是種禮物

當然，你可以讓自己在很安全的環境之下躲藏起來，不過再怎麼安全的環境，不安的情緒一定都會隨行而至。

轉念一想，「不快樂」也是上天賜給我們的禮物！也許你長年都戴著度數錯誤的眼鏡，始終把不快樂當成敵人。然而經由上天給予了機會，使得你有機會矯正回正確的度數，眼前的事物才突然都清晰了，這才發現「不快樂」原來一直都是自己的朋友。

因為不快樂，所以你在人際關係上有很深的反省；因為不快樂，每一

份工作你都嘗試用新的方法，讓成果更好；因為不快樂，你比別人容易發現制度的陋習和積弊，能勇於打破惡性循環，開始新的運轉。不快樂督促你成長，面對挑戰，它就是一份包裝不美觀的禮物。

## ◎ 接納真實自己，成就美好

然而每個人的一生都在追求成為一個穩定、美好想像中的自己，那必定一生都不快樂，因為那只是戴著度數不對的眼鏡，只會讓你頭昏眼花地過一輩子。

然而一旦接受了事實，你馬上就能了解在痛苦的另一面，其實也成就了許多美好的事物，只是當初身處在痛苦中的你沒有發現，其實每天都有值得慶賀的事情。

那麼，誰才能給予你快樂的材料呢？沒有人，就是「你自己」。只有你自己才知道自己的珍貴之處，知道你真正想要什麼，才能去追求自己的幸福。

### Make you happy 維他命

#### 去做新鮮事！

做一些和每天的生活不一樣的事情，例如：改變吃早餐的地方、回家時走別條路、自己做晚餐，這些都可以帶給你有新鮮感的快樂。

# 04 你的欲望越多，快樂就會越少

　　幸福、順遂，常源於我們關注了微小的事物；而不幸福、不順遂，則源於我們忽視了微小的事物。

——德國畫家　威廉・布施（Wilhelm Busch）

## Case Sharing

　　有一個富可敵國的富豪因為一點病痛而住院，沒想到醫生竟意外地宣判他得了不治之症，他覺得自己也許將不久於人世，但是心裡仍然放不下，對上天更是充滿了怨懟，他痛苦得不知該如何是好。

　　後來，經過打聽，他去拜訪一位隱居在山林中的名醫，希望能找到治癒的方法。當這位名醫為他把脈、診斷之後，說道：「你這個病除了一個方法可用之外，無藥可醫。我這裡有三帖藥方，你照著順序做，一帖做完，再打開下一帖。」

　　當富豪回到他的豪宅時，打開了第一帖，裡面寫著：「請你找一個美麗的沙灘，每天在沙灘上躺二十分鐘，請連續進行二十一天。」富豪看了雖然半信半疑，但還是照著藥方做了，只不過他每次一躺就會躺兩個小時，因為平時太過忙碌，他從來沒有感覺這麼舒服過。他傾聽著風的聲音、海潮的聲音，看著藍天、也驚訝於夕陽西下的迷人光輝。

　　在第二十二天，他打開了第二帖藥方，裡面寫著：「請在美麗的沙灘上找六隻魚、蝦或貝類、螃蟹，並將牠們丟回海裡，請連續進行二十一

天。」富豪看了滿腹疑問，但還是照著藥方做了，只不過他每次一找都會找上十幾隻。當他將那些小魚蝦陸續丟回海裡時，他都會覺得感動莫名。

等到第四十三天，他打開了第三帖藥方，裡面寫著：「請找出一根樹枝，並在美麗的沙灘上寫下至今所有不滿和怨恨的事，不能重複，請連續進行二十一天。」

富豪看了，覺得有些難度，但還是照著藥方做了。

第一天當他寫完，還在思考著有什麼可以寫時，就發現海水已經開始漲潮，他眼看著海水一次次地將那些怨恨的字跡沖刷、吞噬掉了，突然間，他明白了什麼似地眼淚不斷直流。

此後的二十天，富豪每天都會拿著樹枝寫下他的憤恨與痛苦，然後，再讓海水與自己的淚水沖刷掉它。等到回家之後，他都會覺得全身舒暢，心裡相當地輕鬆自在，甚至對於死亡，他也已經毫無所懼。

他心裡想著：原來，人之所以不快樂，是因為學不會三件事：

一：好好休息。

二：無私付出。

三：放下痛苦。

人為什麼不快樂？其實道理很簡單。

當你越追求舒適，你就會感覺到越多的不舒服；當你越追求舒適，你就在為自己創造越多的不舒服，因為「不舒服」與「想要舒適」的追求是相關的。

所以你要「丟棄想要舒適的欲望」、「丟棄想要快樂的欲望。」雖然這樣做看起來非常地消極、沮喪與否定生命，然而，事實並非如此。

正因你越要求快樂，你就越會沉浸在痛苦之中。怎麼說呢？那是因為痛苦是一種「陰影」，當要求快樂的欲望越大時，陰影就會越大。你越要求快樂，你就越是得不到它，你只會受到挫折之苦。

為什麼？

因為快樂只有一種方式，那就是必須要「在此時此地快樂」，快樂不是一種「結果」，而是一種「生活方式」。

也就是說，快樂不是欲望的最後結果，它是一種態度。

如果你知道如何生活的話，你在此時此地就可以快樂；如果你不知道如何生活而你又一直在追求它的話，你將永遠很難去得到快樂，因為快樂是一種你身處其中的狀態。

## ◎ 善待人生，就從善待身體開始

如果用數字來代表人生，那麼「1」就代表了健康，而後面接幾個「0」都會是你的所有，例如10000000。

但是如果沒有了健康，那麼那些排在健康之後的財富、美貌、成就等都會是毫無價值的「0」，例如0000000，不具有任何意義，如前述故事中的富豪一樣。你要記得，善待人生，就要從善待身體開始。

若你能少一分追名逐利的心思，就能多一分淡然處之的從容。而健康，永遠是你的人生之首。

若你一輩子只能擁有一部車，既不能販賣，也不能汰舊換新，那麼你會好好的對待它嗎？你的身體也是同樣的道理，它需要你一輩子的保養與維護，請永遠將這件事放在心上。

## ◎ 最豐富多樣的，不一定最好

就像是做菜時，調味料放得過多、食材太過豐盛，反而增加身體負擔、對身體不健康。

生活也是如此，簡單的生活能帶給你幸福的感受，那些鎮日穿梭在各種應酬中的人們，不妨試著簡化生活，陪家人聊聊天、和朋友喝喝茶、聽聽音樂、看看一直沒有時間讀的書，體會在簡單生活中的純粹幸福味道。

簡化生活，並不是就是要你轉向平淡無味，而是期望你及時「清理」自己的生活、「簡化生活」，並能「體會」生活的美妙之處。

## ◎ 如何幫助自己察覺情緒？

你可以多閱讀書籍、與人分享與討論、參與成長團體或相關的工作坊、接受個別諮商等方式，都能增加覺察自己的情緒的能力，並能從中學習到更為多元與彈性的情緒管理觀點與技巧。

如此，在對自我有所幫助的情況下，你能擁有更多的工具來幫助自己去面對各種情緒與人際問題，更能達到事半功倍之效。

## ◎ 開始情緒日記的撰寫

若你能養成每一天隨手撰寫自己情緒日記的習慣，更可以幫助自己覺察情緒變化的起伏狀態，例如情緒的起伏時間、情緒出現類型等等，以及情緒變化的原因，例如，情緒誘發的相關事件與所連結的過去類似經驗是什麼等等。

　　撰寫情緒日記的方法能幫助你透過文字的呈現來自我回顧與反省，而形成你的情緒表達的衡量指標與自我監控工具，同時能成為自我成長的依據與記錄。

**Make you happy　維他命**

### 走進大自然運動！

　　只要身處在大自然中，無論是散步，行走、跑步或者是騎自行車，都可以改善情緒。這樣做不僅有利於身體健康（肌肉的鍛鍊），也有利心理健康（情緒的放鬆）。經常鍛鍊，能提高思維的敏捷性，意識到自己身體裡的某個方面出了狀況。同時，更可以轉移注意力，能有效改善你的負面情緒。

# 05 別讓大腦的想像輕易地騙過你

地球上只有一種獲得快樂的方法，不是問心無愧，就是良知泯滅。

——美國幽默詩人 奧頓‧那許（Ogden Nash）

## Case Sharing

世紀奧美公關公司的董事長丁菱娟曾分享過一個故事：

「人之所以不快樂，大多是頭腦在制約的。當頭腦的念頭一轉，快樂就跟隨而來。

之前，香港亞太區希望我派一位員工去受訓，當時有三位非常適合的候選人，但是由於名額有限，所以我決定先派當時工作上最有實際幫助的一位。

但是另一位經理非常介意，直問為什麼不是他。儘管主管和他解釋，表示下一次還有機會，但他還是耿耿於懷，久久無法放下。

這可能就是他被三件事情的制約所擾亂了。

第一，他馬上就做了判斷——『老闆偏心』；第二，他開始比較起『為什麼不是我？他哪裡比我強？』最後，他放大了自己的委屈——『公司真的太不公平了，無視於我的努力，太過分了，所以我決定要……』。

這就是心裡在運作著『判斷』、『比較』和『放大』這三件事情，運作到最後，一定會讓人越想越委屈、越想越不快樂，甚至在最後做出錯誤的決定。」

我們總是先入為主的判斷，然後忍不住地和別人比較，如果比輸了，就會將負面的消息和自己的委屈放大來看，正因為人類最會做的三件事就是「判斷」、「比較」和「放大」。當我們不斷地重複在做這三件事情，所以人也就變得越來越不快樂、心胸也就變得越來越狹窄了。

## BEST 這樣想比較好

根據心理專家的研究，在我們每天的思考當中，有12％的時間是在想著與未來有關的事。也就是說，在每八個小時的思考當中，就有一個小時是在想著未來的事情。

這是為什麼呢？因為想著未來的事——白日夢，永遠會比現實中的現在更讓人覺得快樂、有希望。雖然白日夢不一定會成真，但是只要我們想像有這樣的可能，就可以讓我們感到開心。

反過來說，正因為人類是喜歡想像未來的生物，如果覺得不快樂，那麼問題一定就出在我們「對快樂產生了錯誤方向的想像」，可能做了過度不切實際的白日夢。

最糟糕的是，我們習慣依據對未來的樂天想像來做出重大的決定。

例如，我們認為和某個人在一起就會比較快樂，所以想像了許多和對方相處的甜蜜情景，導致我們最後選擇了這個人。我們「太過相信」想像裡的那個情景，認為只要我現在做出某種決定，那麼想像中的快樂情景就會真的發生。

然而，當我們依據想像去做出決定，最後卻發現這個決定根本是錯誤

的、自己根本沒有當初所想像的那般快樂時，我們卻還是只能一而再、再而三的讓同樣模式的事情不斷地在生活中發生，這就是大腦思考的盲點。

警惕自己，我們的腦袋總是會依據以前的「經驗」，還有對未來的美好「想像」而下錯判斷。別輕易地讓大腦不斷地騙過你，只有「理性」與「冷靜」才是你做決定時的依據。

## ◎ 記住，大腦的情境並非完全可信

人類大腦的正確性並不像你我所想像的那般精準與可以相信。

據研究指出，當人類進行回想時，我們會認為正確無誤的那些記憶其實已經經過了兩次的轉化，並非是我們最初的完整經歷。

因為大腦會為了節省記憶空間而只記憶關鍵片段，或者是將其簡化成幾個文字。當日後我們回想時，大腦便開始組合相關資訊，重新建構起你想回憶的這段記憶，而不是原封不動地將原本的記憶片段取出，這就是大腦的運作方式。

同樣地，當我們去想像未來的情境時，大腦也一樣地不準確。因為大腦會自動地替我們加入其他情境來美化這件事情的體驗，導致我們會高估未來某件事情所能帶給我們的快樂程度。

例如，想像一下周末的烤肉行程，你會聯想到的一定不只是吃烤肉這件事情，還可能會有在過程中搭乘交通工具，和朋友嘻嘻哈哈地聊天，處理食材，烤肉的場地，忙於生火的樣子，大家吃得開開心心的模樣等等，這些「腦補」（腦袋自行補充）的「劇情」，都會讓你越來越期待周末的

行程。

　　但事實上，直到那一天的到來，會有什麼樣的變化沒有人知道，也有極大的可能並非你想像得那麼快樂。

## ◎ 提醒自己現實中的負面訊息

　　我們不容易記得過去發生過的某一個事件的所有細節，同樣地，我們也很難去想像未來將會發生的某個事件的所有細節。因為當我們想像時，雖然大腦總會自行加入美化的效果，但卻很少會加入「現實醜陋」的效果。大腦的這些特質都會讓我們對快樂產生極大的誤解。

　　例如，你可能會覺得辭掉工作，趁年輕時去國外打工度假見見世面，一定會比在台灣每天爆肝工作來得快樂。這是因為你很容易就能想像出國外的美麗風景，你會不斷地去美化打工度假的體驗，像是可以趁空閒時去旅遊、快速提升英文程度等等，但這些在未來卻未必一定會發生。

　　然而你沒想像到的更多狀況卻有可能讓你的打工度假美夢成為一場惡夢，例如，你在當地找不到工作而一直花老本，或者是只能做「黑工」、拼命工作卻沒有保障，甚至是碰上惡老闆、壞室友，因治安不好而貴重物品被偷等等現實中極有可能發生的事。

　　在你想像日後的美好未來時，請務必要添加現實成分的理性思考，因為這才是真實世界的呈現。

## ◎ 別讓當下的情緒誤導未來想像

　　根據「現實優先」原則（Reality First），我們的大腦處理訊息時會有優先順序，它會優先處理當下的情境來做出某種反應，可能有正面、負面之分，而此時的情緒會直接影響日後你對未來的想像。

　　例如，你與另一半的感情最近非常不順利，兩人經常為了小事爭吵，

讓你很傷心，因此你認為如果以後還得繼續和這個人相處下去，一定會很不快樂。

　　然而，這其實只是你「當下」的感受，並不是「以後」的感受。因為你是以現在的感受去想像未來還沒發生的事情，所以你只能聯想到現在這些讓你傷心的事，但是這些在未來卻是有可能改變的。未來極有可能發生讓你高興的事，但這卻是現在傷心的你無法或不願去預想的。

　　當負面情緒消失了之後，你對這個人的未來想像鐵定又會不一樣了。然而，人性卻往往會因為這個當下短暫的不快樂，而衝動地做出錯誤的決定。像是放棄真正適合你的人、放棄真正好的工作、放棄真正好的機會，轉而去接受「現實中極有可能讓你更不快樂」的那一個選擇，不可不慎。

## Make you happy 維他命

### 少虛擬，多現實！

　　如果你是那種整天都坐在電腦前面的宅男宅女，或者是手機片刻不離身的低頭族，那麼請找個時間，收起你的手機，離開你的座位，多跟他人接觸！因為少一點虛擬，能少一點距離；多一些現實，就能多一些樂事！

# 06 助你轉化負面思考的ABCDE

每個人都有幸福和痛苦，只不過是程度不同而已。誰遭受的痛苦最少，誰就是最幸福的人；誰感受的快樂最少，誰就是最可憐的人。

——法國哲學家　盧梭（Jean-Jacques Rousseau）

## Case Sharing

有一個女孩在匆忙當中，不小心在火車上遺失了一支母親在病逝前送給她的手錶。自此之後，她總是鬱鬱寡歡，只要一想起是自己的疏忽才弄丟那支母親最喜愛的錶，她總會忍不住地流淚，自責不已。

日子一久，連身體狀況也開始出問題了。

一天，舅舅來探望她時，問道：「如果有一天妳不小心掉了五萬元，那下次妳還會不會弄丟別的十萬元呢？」

女孩回答：「我一定不會。」

舅舅說：「那妳為什麼要讓自己在掉了一支手錶之後，又丟掉這幾個禮拜的快樂？然後現在還賠上了妳的健康？」

女孩聽了，不知如何回答。

舅舅又問：「妳覺得，媽媽會希望看到妳為了這支錶而自責一輩子嗎？」

女孩聽了，只是泫然欲泣。

「不見的，就只是支手錶，我想妳媽媽其實是希望妳能一直記得

她。」

「……我知道的……我不可能會忘記她……」女孩痛哭失聲。

「這才是讓媽媽最驕傲的好孩子。」

舅舅雖然也認為丟了錶可惜，但也對女孩的孝心感到非常欣慰。

## 這樣想比較好

前述的馬丁・塞利格曼博士同時也是正向心理學大師，他曾提出過一種「快樂公式」：$H=S+C+V$。

其代表的意義如下：

H：Happiness（快樂指數）

S：Set range（天生的快樂起始點，50％）

C：Circumstances（生活條件，10％）

V：Voluntary Activities（自發性活動，40％）

當中說明了我們對人事物的思考模式、應對能力與態度（V）占了40％，這也可以解釋為何塞利格曼博士曾主張「樂觀是可以學習的」。

既然可以學習，塞利格曼博士就提出了一個可以轉化負面思考的「ABCDE理論」，其代表的意義如下：

A：Adversity（逆境，不愉快的事件→無助）

B：Belief（信念，常浮現失敗的念頭→認為自己失敗）

C：Consequence（結果→失敗的結果自己承受）

D：Disputation（反駁→在思考的步驟中再加上反駁）

E：Energization（激勵→藉由正面思考給自己能量）

一般來說，負面思考的人都會從「Adversity」（逆境，不愉快的事件）中感受到「無助」，認為自己不能夠去改變現況，因此形成負面腳本的「Belief」（信念，浮現自己失敗的念頭）。

他們認為，無論什麼事情到最後都會是「Consequence」（結果，失敗的結果），久而久之，自然會失去對事件的理性判斷，而始終會採用負面腳本來做出負面的決定。

然而這裡的關鍵是──只要修改你的「負面腳本」就可以了！

你只需要在順序上加入兩個步驟，分別是「Disputation」（反駁在思考中加上反駁）與「Energizing」（激勵，藉由正面思考給自己能量），就可以將負面思考順利轉變成正面思考。

這裡提到的「反駁」指的是，對自己預設的負面腳本進行反駁；「激勵」則是指強化去思考如何解決問題的能量。

舉例來說：

逆境（A）：這次的英文段考，我竟然只考了48分。

信念（B）：我每次都栽在英文，英文就是我的罩門。

結果（C）：很難過，已經認真唸書了還是只考了48分。

反駁（D）：至少還有48分，已經比上次好了，小胖還只考了40分。

激勵（E）：有48分就有可能可以考到60分，我一定可以弄懂英文！

像這樣選擇自己可以控制的部分來縮小生活事件所帶來的衝擊，能有效地使我們轉趨於正面思考。這也說明了我們選擇怎麼想、怎麼回應，就決定了我們是否快樂和生活是否順遂。

## ◎ 尋找快樂的四個基本原則

（1）製造樂趣：試著觀察美好的事物，例如秋天的夕陽、一份營養的早餐、一隻可愛的小狗。你可以將所注意到的快樂時光都寫下來，當你心情不好時，便可以拿出來翻閱。

（2）全心投入：對於你生活上的一切事物，盡量全心全意地去投入，等到最後產生了具體的成就，你就會感受到快樂。

（3）尋找人生意義：仔細思考、找出你的人生意義，完成你最終想要達成的人生目標。

（4）優化人際關係：最重要的是維持好你的人際關係，因據心理學研究，人與人之間的連結是讓人們覺得快樂的重要原因之一。

## ◎ 積極行為能不斷產生正面影響

無論性格如何、年紀多大，此時此刻每個人都可以讓自己感覺更快樂。

有一個一定能提振精神的秘訣，那就是去做一件「有冒險味道」、甚至「大膽」的事情！就算實際上它是一件微不足道的小事也可以。

有個實驗是讓受測者紀錄下來自己一整天的感覺，結果發現無論是天生內向還外向的人，只要去積極投入地做一件事，都會覺得比較快樂。

也就是說，你可以改變你的行為模式來讓自己更快樂。例如，即便只是邊看電視邊唱歌、跳舞，只要是「積極行為」，都能對你的心情產生極正面的影響。或者，不設限的開懷大笑也是一種能讓你感到有冒險味道、大膽的行為之一，能讓你覺得更快樂。

## ◎ 假裝快樂，讓你真的快樂

心理學家曾做過一個實驗，他假裝為受測者們接上電極，接著指示他們收縮或者放鬆特定的臉部肌肉，使受測者們受指示而不自覺地做出微笑的表情，最後的結果是微笑的受測者比起其他依指示皺眉的受測者看起卡通會覺得更有趣。

此外，面帶笑容的人回憶起過去的事情時，會比面無表情的人想起更多快樂的片段。這是因為當我們微笑時，我們的神經和肌肉就會送出訊號來開啟腦內的快樂中樞。

也就是說，只要我們假裝快樂、做出開心的表情，就可以真的讓你覺得快樂。既然這樣的快樂不用花錢，還可以「DIY」，那麼你又何樂而不為呢？

### Make you happy 維他命

#### 和使你快樂的人來往！

現在就逐漸減少和那些總是喜歡唉聲嘆氣的朋友、總是打壞你心情的朋友聯絡吧！相反地，哪一個朋友總是能讓你哈哈大笑的，你就可以主動地多與對方來往。

你表面上看起來似乎生活愜意、工作順利、就連感情也很令人羨慕，然而這些外在所表現出來的和諧，真的等於你內心真實狀態的呈現嗎？

現在就做做看以下十八道題目，將分數加總起來，測量你的快樂指數究竟是高是低吧！

**1** 你認為自己的生活習慣還算不錯？

**a.** 非常同意 ⋯⋯⋯⋯⋯⋯⋯⋯⋯⋯⋯⋯⋯ 5

**b.** 同意 ⋯⋯⋯⋯⋯⋯⋯⋯⋯⋯⋯⋯⋯⋯⋯ 4

**c.** 普通 ⋯⋯⋯⋯⋯⋯⋯⋯⋯⋯⋯⋯⋯⋯⋯ 3

**d.** 不同意 ⋯⋯⋯⋯⋯⋯⋯⋯⋯⋯⋯⋯⋯⋯ 2

**e.** 非常不同意 ⋯⋯⋯⋯⋯⋯⋯⋯⋯⋯⋯⋯ 1

**2** 你擁有一些可以傾吐煩惱的好朋友？

**a.** 非常同意 ⋯⋯⋯⋯⋯⋯⋯⋯⋯⋯⋯⋯⋯ 5

**b.** 同意 ⋯⋯⋯⋯⋯⋯⋯⋯⋯⋯⋯⋯⋯⋯⋯ 4

**c.** 普通 ⋯⋯⋯⋯⋯⋯⋯⋯⋯⋯⋯⋯⋯⋯⋯ 3

**d.** 不同意 ⋯⋯⋯⋯⋯⋯⋯⋯⋯⋯⋯⋯⋯⋯ 2

**e.** 非常不同意 ⋯⋯⋯⋯⋯⋯⋯⋯⋯⋯⋯⋯ 1

**3** 你個人的健康狀態維持地頗為良好？

**a.** 非常同意 ⋯⋯⋯⋯⋯⋯⋯⋯⋯⋯⋯⋯⋯ 5

**b.** 同意 ⋯⋯⋯⋯⋯⋯⋯⋯⋯⋯⋯⋯⋯⋯⋯ 4

**c.** 普通 ⋯⋯⋯⋯⋯⋯⋯⋯⋯⋯⋯⋯⋯⋯⋯ 3

**d.** 不同意 ·········································· 2

**e.** 非常不同意 ·································· 1

**④ 你經常可以從工作上得到極佳的滿足或成就感？**

**a.** 非常同意 ·································· 5

**b.** 同意 ·········································· 4

**c.** 普通 ·········································· 3

**d.** 不同意 ········································· 2

**e.** 非常不同意 ································ 1

**⑤ 你對自己的外表有著相當的自信？**

**a.** 非常同意 ·································· 5

**b.** 同意 ·········································· 4

**c.** 普通 ·········································· 3

**d.** 不同意 ········································· 2

**e.** 非常不同意 ································ 1

**⑥ 你有著不錯的理財觀念與能力？**

**a.** 非常同意 ·································· 5

**b.** 同意 ·········································· 4

**c.** 普通 ·········································· 3

**d.** 不同意 ········································· 2

**e.** 非常不同意 ································ 1

**7** 你的戀情都相當地美好與幸福？

    **a.** 非常同意 ································································· 5

    **b.** 同意 ································································· 4

    **c.** 普通 ································································· 3

    **d.** 不同意 ································································· 2

    **e.** 非常不同意 ································································· 1

**8** 你總是能將自己的私人行程安排地很周全？

    **a.** 非常同意 ································································· 5

    **b.** 同意 ································································· 4

    **c.** 普通 ································································· 3

    **d.** 不同意 ································································· 2

    **e.** 非常不同意 ································································· 1

**9** 你對現在所從事的工作與職場環境蠻滿意的？

    **a.** 非常同意 ································································· 5

    **b.** 同意 ································································· 4

    **c.** 普通 ································································· 3

    **d.** 不同意 ································································· 2

    **e.** 非常不同意 ································································· 1

**10** 你對自己現在的收入感到滿足？

    **a.** 非常同意 ································································· 5

    **b.** 同意 ································································· 4

    **c.** 普通 ································································· 3

**d.** 不同意⋯⋯⋯⋯⋯⋯⋯⋯⋯⋯⋯⋯⋯⋯⋯⋯⋯⋯⋯⋯⋯⋯ 2

**e.** 非常不同意⋯⋯⋯⋯⋯⋯⋯⋯⋯⋯⋯⋯⋯⋯⋯⋯⋯⋯⋯ 1

**⑪** 一想到「家」這個字，就能讓你覺得溫馨並值得期待？

**a.** 非常同意⋯⋯⋯⋯⋯⋯⋯⋯⋯⋯⋯⋯⋯⋯⋯⋯⋯⋯⋯⋯ 5

**b.** 同意⋯⋯⋯⋯⋯⋯⋯⋯⋯⋯⋯⋯⋯⋯⋯⋯⋯⋯⋯⋯⋯⋯ 4

**c.** 普通⋯⋯⋯⋯⋯⋯⋯⋯⋯⋯⋯⋯⋯⋯⋯⋯⋯⋯⋯⋯⋯⋯ 3

**d.** 不同意⋯⋯⋯⋯⋯⋯⋯⋯⋯⋯⋯⋯⋯⋯⋯⋯⋯⋯⋯⋯⋯ 2

**e.** 非常不同意⋯⋯⋯⋯⋯⋯⋯⋯⋯⋯⋯⋯⋯⋯⋯⋯⋯⋯⋯ 1

**⑫** 你喜歡那些與你一起共事的工作夥伴們？（例如上司、同事、客戶等等）

**a.** 非常同意⋯⋯⋯⋯⋯⋯⋯⋯⋯⋯⋯⋯⋯⋯⋯⋯⋯⋯⋯⋯ 5

**b.** 同意⋯⋯⋯⋯⋯⋯⋯⋯⋯⋯⋯⋯⋯⋯⋯⋯⋯⋯⋯⋯⋯⋯ 4

**c.** 普通⋯⋯⋯⋯⋯⋯⋯⋯⋯⋯⋯⋯⋯⋯⋯⋯⋯⋯⋯⋯⋯⋯ 3

**d.** 不同意⋯⋯⋯⋯⋯⋯⋯⋯⋯⋯⋯⋯⋯⋯⋯⋯⋯⋯⋯⋯⋯ 2

**e.** 非常不同意⋯⋯⋯⋯⋯⋯⋯⋯⋯⋯⋯⋯⋯⋯⋯⋯⋯⋯⋯ 1

**⑬** 你擁有一些可以讓自己樂在其中的嗜好或興趣？

**a.** 非常同意⋯⋯⋯⋯⋯⋯⋯⋯⋯⋯⋯⋯⋯⋯⋯⋯⋯⋯⋯⋯ 5

**b.** 同意⋯⋯⋯⋯⋯⋯⋯⋯⋯⋯⋯⋯⋯⋯⋯⋯⋯⋯⋯⋯⋯⋯ 4

**c.** 普通⋯⋯⋯⋯⋯⋯⋯⋯⋯⋯⋯⋯⋯⋯⋯⋯⋯⋯⋯⋯⋯⋯ 3

**d.** 不同意⋯⋯⋯⋯⋯⋯⋯⋯⋯⋯⋯⋯⋯⋯⋯⋯⋯⋯⋯⋯⋯ 2

**e.** 非常不同意⋯⋯⋯⋯⋯⋯⋯⋯⋯⋯⋯⋯⋯⋯⋯⋯⋯⋯⋯ 1

**14** 你從來不需要為錢的事情感到擔憂？

    **a.** 非常同意 ·················································· 5

    **b.** 同意 ······················································ 4

    **c.** 普通 ······················································ 3

    **d.** 不同意 ·················································· 2

    **e.** 非常不同意 ·········································· 1

**15** 你認為「友誼」對你來說是一大筆資產？

    **a.** 非常同意 ·················································· 5

    **b.** 同意 ······················································ 4

    **c.** 普通 ······················································ 3

    **d.** 不同意 ·················································· 2

    **e.** 非常不同意 ·········································· 1

**16** 你覺得和朋友開心地聚會，是生活中很值得期待的一部分？

    **a.** 非常同意 ·················································· 5

    **b.** 同意 ······················································ 4

    **c.** 普通 ······················································ 3

    **d.** 不同意 ·················································· 2

    **e.** 非常不同意 ·········································· 1

**17** 你的家人能給予你心靈與情緒上的強烈支持？

    **a.** 非常同意 ·················································· 5

    **b.** 同意 ······················································ 4

    **c.** 普通 ······················································ 3

**d.** 不同意 ·························································· 2

**e.** 非常不同意 ·················································· 1

**18** 你覺得至今的人生都過得蠻有意義的？

**a.** 非常同意 ······················································ 5

**b.** 同意 ···························································· 4

**c.** 普通 ···························································· 3

**d.** 不同意 ·························································· 2

**e.** 非常不同意 ·················································· 1

## 解 答

### 70分至90分的人 ·········· 【快樂指數高的類型】

真是驚人！你可說是那種最能將生活步調掌握在手中、並能進行妥善安排的人了！因此生活過得相當悠閒愜意。目前你周遭的人事物都讓你感到快樂、滿足，同時你還非常擅長去尋找快樂和保持愉悅的心情。

古代先賢孟子說：「獨樂樂，不若與眾樂樂」；現代人唱：「與你分享的快樂，勝過獨自擁有」，既然你已是找樂子高手，那麼何不大方將你的快樂往外傳播，感染你生活周遭的人們，如此既能產生正向回饋，你的付出也將使你的快樂更上一個層次。

### 50分至69分的人 ·········· 【快樂指數中等的類型】

你的生活過得非常規律，在這樣的性格特質上，其實你很能主動地替自己製造快樂，只要你願意的話。然而你卻很容易因為各種突發狀況的發生而顯得鬱鬱寡

歡，你不喜歡那些使你「計畫趕不上變化」的人事物。仔細想想，這人世間、這宇宙，哪有不會變化的道理呢？

對你來說，若能對各種預期外的變化感到釋懷，或者試著去找出那些你無法掌握的癥結點，主動面對並且嘗試解決它，那麼將能更有助於你感受到加倍的快樂。

## ◎ 30分至49分的人 ⋯⋯ 【快樂指數低下的類型】

現在的你越來越無法露出真心的笑容，這幾乎已成為了你的日常寫照，或許是因為你的生活或是個人情緒已經開始出現失序的跡象，這導致了強烈的失落感持續侵襲著你，連你自己都覺得不像自己。

像這種時候，請你務必先停下手邊的事情，使煩躁的思緒冷靜一下，認真思考究竟是哪些因素導致你不開心、甚至是讓你的暴躁情緒開始激升。若你再不認真去看待、去面對，很容易就會與快樂越離越遠了。

## ◎ 18分至29分的人 ⋯⋯ 【快樂指數危險的類型】

你目前的狀況非常地不妙，甚至已經到了做再多的努力也無法掩飾不開心顯露而出的程度，倘若長期處於這樣的精神狀態之下，不但會有罹患心理疾病的可能，更會導致你不斷地錯失當下值得享受的美好時光，造成無限的痛苦循環。

所以請別再懷疑，現在就立刻找出破壞你內心平和的原因。唯有主動去尋求幫助、改變自己，才能讓你重拾健康的身心和自信心！

# Adversity Quotient

**07** 什麼是逆境商數？

**08** 影響逆境反應的四大元素

**09** 高 AQ 助你不抱怨，只解決問題

**10** 逆境求生的「史托克戴爾弔詭」

**11** 改變既定觀念，凡事往好處想

**12** 用幽默調整人生的鏡頭

自我測驗 遭遇困境時，你的情緒保護色是哪種模樣？

AQ

# 逆境商數

你可以暫時失意，但不要失志

## AQ

*Adversity Quotient*

# 07 什麼是逆境商數？

唯有恐懼才是真正的囚牢，而唯有無懼才是真正的自由。

——緬甸反對黨領袖　翁山蘇姬（Aung San Suu Kyi）

## Case Sharing

　　十二歲時就罹患了類風濕性關節炎的知名作家杏林子，曾寫過一篇名為《心囚》的文章，讓我們一起來看看：

　　「在許多人的眼裡，我看來多麼像是一個囚犯，一個被病禁錮在床的犯人。

　　是的，自從小學六年級時，我被一種叫做『類風溼關節炎』的怪病纏身之後，就逐漸失去活動的自由。年復一年，我全身的關節都受到病魔的『轄制』，有如戴上一道道無形的鐐銬。

　　腿不能行，肩不能舉，手不能彎，頭也不能自由轉動。甚至，我連吃一口心愛的牛肉乾的權利也被剝奪了，因為咬不動。

　　二十多年來，生活的天地僅限於六席大的斗室之中，屋外春去秋來，花開花謝，似乎都與我無干了。就像一個被判無期徒刑的犯人，不知何年何月才能重見『天日』。

　　想像中，這樣的『犯人』一定是蒼白憔悴、鬱鬱寡歡的吧！剛好相反，因為我了解真正能夠囚住我的，不是身體上的疾病，而是心理上失望、悲觀、頹喪、憤怒、憂慮，築成了一面看不見的網，隨時準備將我陷

在中間。一個人只要能突破心靈的枷鎖，這個世界就再也沒有什麼能困住他的了。

如今，我活得無憂無慮，也自由自在。而世上多的是身體健康，卻心理不健全的人；多的是表面歡樂，卻心中痛苦的人；多的是行動自如，卻找不到一條正確人生方向的人。

有些人看似生活得繁華熱鬧，卻往往是天底下最寂寞的人，因為他們把自己的心封閉了。

還有那些沉溺在罪惡中無法自拔，迷戀在情慾中無法脫身，以及為名利權勢所左右迷失了自己的人，他們看似自由，卻心陷囹圄。

比起我，到底誰更像是囚犯呢？在許多人眼裡，我看來多麼像是一個囚犯，一個被病禁錮在床的犯人。」

## BEST 這樣想比較好

杏林子曾表示，痛對她來說，可以分為「痛」、「小痛」、「大痛」、「狂痛」，她必須不斷地和她的身體搏鬥，但她卻說：「我從來不在意自己失去了什麼，而是擁有什麼，身體的綑綁和限制，並不能限制靈魂的無限性，因為，這些限制，反而激發出更大的能量。」

杏林子十二歲時就罹患了類風濕性關節炎，發病時手腳腫痛，行動極為不便，使她因而對生命抱持著消極的態度。直到十六歲時才因信仰基督教，而在心靈上有了寄託，由信仰中體驗到生命的價值和尊貴，才逐漸改變了她對生命的看法，轉而充滿了樂觀與積極。

保羅・史托茲博士（Paul Stoltz）在一九九七年提出了「逆境商數」（Adversity Quotient, AQ）的概念，AQ指的是一個人的挫折忍受能力，或者是面對逆境時的處理能力。就像人的IQ有高有低，AQ也是一樣，有些人突破逆境、走出困境的能力，就是天生比人強。

當一個人的AQ越高，就越能彈性地面對逆境，同時更能積極樂觀，願意接受困難的挑戰，發揮創意去找出解決方案。因此能越挫越勇，使得最後的表現相當卓越。

提出逆境商數理論的保羅・史托茲博士從事研究二十多年，他曾經針對超過十萬個、各國各行各業的人士查訪後發現，有高達98％的受訪者都預期到未來要面對的，將會是一個更困難、混亂，並且不確定的時代。

以一個標準的上班族來說，根據《今日美國》（USA Today）的報導，每天經由電話、傳真、電子郵件、郵寄信件、手機等方式接收或傳遞的訊息就高達了一百六十三則，而且每年是以倍數在成長。

在這些數字的背後，你我都打造了自己的監牢。人們每天都被要求創造更高速的效率、更好的表現，卻極少有人能夠不犧牲自己去達到這樣的要求。

所以，我們不斷地遭受到挫折，忍受各種因能力未逮所襲來的冷嘲熱諷，不論生理、心理都逐漸開始出現異狀，每個人都沒把握是否能達成自己的目標，更別說是他人的要求了。

在這樣充滿了挫折與困境的年代，我們還能怎麼做呢？史托茲博士提出了以下步驟：

## ◎ Step1：L（Listen，聆聽你對逆境的反應）

當情緒激動之後，請你安靜下來，思考一下自己對逆境的生理和心理反應。只要聆聽你的反應，就能讓你的大腦打斷習慣的反應模式，知覺到你的AQ正在影響你的反應能力。

因此，當遭遇挫折時，你必須自問：「你面對逆境時的反應是屬於高AQ還是低AQ？」當你能敏銳察覺逆境的出現時，就能讓你立即改變自己的處理方式。

「聆聽」需要耐性，因為人們總是不願意面對不如意的事情、更不願意面對真實的自己，而一個人的困擾，總是因不能面對自己而起的。

## ◎ Step 2：E（Establish Accountability，承擔責任）

你不需要立刻扛起解決整個問題的責任，而是你要決定在改進過程中能承擔哪些責任。當你要求自己先承擔具體的責任時，你的內在會出現一種具有感染性的動力，會讓你覺得自己是具有回應能力的，別人也容易模仿你來解決問題。

因事情的嚴重性往往容易被悲觀情緒放大，造成忽略了個人的能力。例如失業、失戀、失去至親等等，都會讓人聯想到：「我真是倒楣透了……」

而AQ高的人則會尋找其他的可能性，例如：失業就是自修與創業的好時機、失戀就是學習分手、珍惜的一課、親朋好友的離世其實是減少他肉體承受的痛苦等等。

需注意的是，此階段也往往是一個領導者能否有效領導的關鍵。

## ◎ Step 3：A（Analyze the Evidence，分析證據）

這是四個步驟當中最有力量的部分，你必須將「事實」與「假想的內容」分開，並清除阻擋你行動的障礙。

你可以問自己：「有哪些證據能證明這個問題不是我所能掌控的？」最後也許你會發現，每個問題的答案都是「沒有任何證據能證明你無法掌控。」如此一來，你才有可能擺脫挫折的限制，證明你對逆境的想像是不恰當的。

我們必須學習如何正確地檢討事件，才能對症下藥。

你要分析問題的根源哪些是自己造成的？哪些是自己無法去控制的？別將所有的責任都歸咎於自己身上。相反地，你要客觀地去分析自己該負哪些責任、而哪些責任又不屬於你。

記得，無論如何都不要讓自己長時間地處於受苦的狀態。

## ◎ Step 4： D（Do Something，採取行動）

第四個步驟則能讓你能從繁忙的作業當中，找出與你關係最密切的重要行動來著手。

在這個階段，你可以嘗試說出「你如何掌控狀況？」、「你能做什麼來抑制逆境的擴大？」、「你該怎麼做，才能度過逆境？」

你可以在新的一年就替自己訂下行動的目標和時間表，並立即執行計畫、克服拖延、設定截止日、定期獎勵自己。同時定期去檢討所訂立的計畫，加以修改及精進。

上述四個步驟可以有效地幫助自己與他人，若你能適當地運用「LEAD」四個步驟，就能避免被連續不斷的挫折擊垮。

## ◎ 別利用脆弱來博取他人關注

我們經常可以看到，有些人會利用自己的脆弱來博取他人的注意與關心，他們大剌剌地將自己遭遇到的問題與痛苦公開，為的是要博得別人的關注、同情、接納、認可，或者幫助。如果他們無法從別人那裡得到想要的，就會覺得羞愧或者受傷。然而這種做法完全無助於我們去面對自己的逆境，只是徒增他人困擾罷了。

這種類型的脆弱會在偽裝之後在別人的面前演出，但是你不要這麼做，因為「挫折」這種東西不是就是用來從中學習，然後遺忘掉它的嗎？

別將你的痛苦過去當成展示品帶到現在、帶到未來，你該做的是面對這些痛苦，並設法去解決它。

接著，就放下這些痛苦吧。過去有多難熬都已過去，你該知道的是此時此刻你站在人生的哪個方向。而你要怎麼做，才能讓未來比現在更好、明天比今天更好。

### Make you happy 維他命

💡 真心地祈禱！

據《赫芬頓郵報》（The Huffington Post）指出，在一份研究了超過三百篇靈修與健康之間的關聯性的報告裡，「祈禱」被認為是一種釋放壓力的過程，同時與健康、快樂都有著極大的關係。因此，你不妨試著祈禱，在遭遇困境的時候。

# 08 影響逆境反應的四大元素

如果事事都如意的話，你就可以假裝生命是一帆風順的。當你面對真正令人絕望的處境時，就得面對在自己生命歷程中的現實，最困難的時期正好是我獲得最多知識與經驗的時期。逆境有另一個好處，就是幫助我們下定決心和增強毅力。

——藏傳佛教領袖　達賴喇嘛（Dalai Lama）

## Case Sharing

用打棒球來舉例，當一個球員在練習的時候，他可以每一棒都打出全壘打；然而真正上場比賽的時候，投手故意和他作對，讓他打不到，這就出現了一個挫折。這時候如果還能打兩成到三成，就已經可以算是強打者了。但是如果這個球員還是用練習時的心態去想，就會出現很大的挫敗感，因為標準完全不一樣了！他會覺得：「奇怪，為什麼就是沒辦法打到九成？」如果這樣，那麼這個球員就糟糕了，因為他找不到癥結點。

然而，我們可以站在球員的立場上來看，當真正的強打者碰到越強的投手時，他的鬥志應該會越高；如果碰到三流的投手，讓強打者打出了全壘打，他可能也不會太高興，他會認為這本來就該被他打擊到的；而如果是一流的投手被他轟出個全壘打，那可就是終身難忘了。

同樣地，從一個被你突破的逆境裡的成長，肯定會更強。

所以我們要從這幾種角度去分析，和自己說，改變想法才是正確的做

法。

遇到挫折時，關鍵是要保持一個心態──要有很強的鬥志、不死的鬥志。

雖然已經失敗了，但是你不要放棄希望，這是重點。因為當逆境來時，你會感覺痛苦、沮喪，不過那同樣是個磨練自己、了解自己的機會。所以不要心死，縱使零分，也不要死心。

## BEST 這樣想比較好

其實，一個人面對逆境時的態度，也足夠給我們大量的資訊去了解這個人。例如：

「他是否經常在逆境出現時，立刻放棄？」、「當問題發生時，他是否老是認為那是別人的錯？」、「當問題發生時，他是否老是抱怨，卻又一副無能為力的樣子？」、「當問題出現時，他是否立刻能積極尋找解決的方法？」、「是否能夠對問題做出有條理的分析」等等，這些都可以告訴我們誰是值得信任的人選，而誰是難以擔當大任的。

不過面對挫折的能力是可以透過練習而增強的，可以很好地面對逆境的人，他們對事物能夠有一定的控制感，他們不光有正確的態度，還有即時的行動。

例如，蘋果創辦人史帝夫·賈伯斯（Steve Jobs）被自己請來的員工趕出自己一手創建的公司，雖然失意，但他終究沒有倒下，繼續在自己熱愛且專業的領域持續創新，最後重新回到公司，上演了一齣精彩的復仇

記。

古人云：「有諸內，形於外。」態度的積極性不單於思想方面，而是反映在行動上，因為知而不行，並非真正的積極。

對自己有信心的人，並不會害怕困難和一時的不如意。能認識自己的優點和長處的人，會認為自己是個有價值和有幫助的人，便不會在面對逆境時貿然走上「不歸路」。

至於責任感和承擔態度，更是面對逆境時所不能少的，因為有責任感和願意承擔的人在遇上挫折時，也會勇於面對，不會輕言放棄。

如果要進一步了解自己是如何回應逆境的，我們就必須更深層地去探討組成自己的逆境商數的四個要素：那就是「控制」（Control）、「起源和責任歸屬」（Origin&Ownership）、「影響度」（Reach）、「耐力」（Endurance），簡稱為「CO2RE」。

此四要素是保羅・史托茲博士結合了塞格利曼等人的習得無助理論和自我掌控力理論，並加入歸因責任的概念所構成的。

「CO2RE」的成分將決定AQ的高低，進一步檢討「CO2RE」，還能了解原因，並知道如何提升自己的AQ。

「CO2RE」就像一個人的基因一樣，是最終決定我們如何處理到期的壓力、衝突、不正義、挫折、挑戰以及機會的重要關鍵。同時這四項要素也會隨著個人情況的不同而造成不同程度的影響。

以下針對此四項要素做說明：

## ◎「控制」：你控制自我反應的能力

所謂的「控制」（Control）就是你覺得自己能扭轉情勢的能力有多少，以及你回應的能力如何。

例如工作中面對到許多我們無法控制的狀況時，你的回應卻是：「總有一些方法可以讓情況改善」，那麼這就是你發揮了自己的控制力。

換句話說，你專注的是「什麼可以改善」，而非「什麼不可以改善」，這對於解決問題有相當大的幫助。

## ◎「起源和責任歸屬」：你承擔責任與復原的任務

「責任歸屬」意思是指不論哪一個環節出了差錯，不管原因為何、責任在不在你，你都得承擔起責任和復元的任務。你會採取行動，而不是追究責任或起因。

就像合作一個專案時，某個同事犯了一個愚蠢的錯誤，造成了公司的虧損，但最終你仍必須協助他補救，因為你們是一個團隊。這時候如果著重在於歸咎責任，只會抹殺團隊的思考和快速行動的能力。

反之，如果將精力、資源花在正面的方向上，例如從中學習、培養互信互賴，就能產生更多的解決方法。

## ◎「影響度」：你讓逆境產生了多大改變的程度

至於「影響度」（Reach）指的則是你讓逆境進入到你的工作或生活到達什麼樣的程度。

換句話說，你如何去詮釋一件事情的模式，會決定你將問題看得有多大。通常當問題越來越嚴重時，我們會覺得害怕、無助、冷漠、不願行

動；反之，則不擔心，這樣更能幫助你解決問題。

請記住，AQ並非只是面帶微笑，對自己或他人說些正向、積極的話就夠了，而是要扭轉整個早已深深烙印在你腦海裡的反應模式。

## ◎ 「耐力」：你認為逆境會持續多久

「耐力」則是你個人認為挫折將會持續多久。

一般來說，及早「看到痛苦盡頭」的人會更堅強，例如集中營的生還者，因為他們認知到「無論現況多悲慘，它總是會改善、而且終究會過去」，這使他們能夠保持強大的復原力。

**Make you happy　維他命**

### ☼ 哪些人曾對你有恩？

列出感謝名單看起來很老套，但是實際上卻非常有效。專家表示，就增添快樂來說，計算你得到過的恩惠最有效！試著列出最近哪些人幫助了你，以及幫助了什麼內容吧！

# 09 高AQ助你不抱怨，只解決問題

凡是從未體驗過的事都該嘗試三遍：第一遍用來克服對此事的恐懼；第二遍學會訣竅；第三遍決定你喜不喜歡。

——美國作曲家 維吉爾·湯姆森（Virgil Garnett Thomson）

## Case Sharing

著名的口足畫家楊恩典生於一九七四年，出生後因先天性傷殘無雙手，被父母棄置在市場，被六龜育幼院的創辦人楊牧師收養。三歲時前總統蔣經國先生鼓勵她沒有手、可用腳之後，楊恩典便以腳來學習書法和繪畫。

楊恩典曾受邀到亞洲大學演講，以「那隻看不到的手」為題演講。沒有手一直是她的遺憾，她不能擁抱愛的人，但她證明只要有心，就算沒有雙手，也可以用心擁抱愛情、擁抱幸福。

「雖然我沒有雙手可以擁抱這世界，但是仍然可以用心去擁抱生命中的每一分鐘！」她總是這麼說。

楊恩典從小在育幼院長大，三歲時，被到院巡視的前總統蔣經國先生抱過，她居然天真地炫耀：「我沒有手。」蔣前總統告訴她：「雖然沒有，但妳還有腳，一樣可以做很多事。」這句話，改變她對腳的看法，她開始用腳生活、寫字，甚至開車、打人，別人簡單就能學會的生活瑣事，她卻得花費更多時間和心思去完成。

她十八歲時到台北學畫，要自己面對陌生的台北，內心非常地擔憂。她說，自己面對學畫的第一個考驗就是要用腳拿錢給計程車司機，接著到了老師家門口發現門鈴較高，她只能用嘴巴咬著筆按門鈴。

　　進入老師家之後，看到老師用右手作畫，她只能用左腳，至此碰到的諸多困難讓她體會到除了要比別人更用心之外，還必須靠著意志力努力訓練，以克服作畫的種種困難。

　　不久之後，楊恩典結婚了，許多人都為她擔憂。

　　是手機替她結下了姻緣，一通打錯的電話讓楊恩典和未來的夫婿聊了五個小時，他們可是一「說」鍾情。

　　當他們交往一年多，決定要面對婚姻時，確實感到困難重重。第一次到未來的夫婿家，對方的父母直接表明，交往可以，但是結婚談都不必談。因為他們擔心她如何能做三餐、做家事，甚至照顧小孩？但她決定去證明她可以照顧自己。

　　有一天，楊恩典到夫婿家待在三樓的房間，對方的母親考量到楊恩典沒有手，便端了飯菜到三樓給她。然而她卻在吃完之後，把碗洗好，拿下樓。從那一天起，楊恩典說她可以感覺到對方的母親大為感動，後來便不再把她當客人，而是「當一個女人看」。

　　後來當了媽媽的楊恩典堅持自己帶孩子，沒有雙臂還得靠著輔具才能餵母乳，但是她說，天下沒有做不到的事，能夠用雙腳闖出一片天，這是上帝給她的恩賜，她要更加珍惜，「雖然辛苦，但是只要孩子健康，一切都值得。」

　　她經常在演講現場示範用腳折紙、穿襪子、用腳作畫等等，也會邀請聽眾上台體驗用腳做事情，希望能藉由自己的故事，讓人們對生命的意義有著新的啟發。

**BEST 這樣想比較好**

當我們遭逢到艱鉅的挑戰、或者不間斷的挫折時，為何有的人會放棄、陷入困境，而有的人卻能夠繼續前進，並在日後的戰場中勝出呢？

保羅·史托茲博士說明，那就像是登山一樣，當面對逆境時，會出現三種不同反應類型的人——「胸無大志者」、「半途而廢者」、「登峰造極者」。

所謂的「胸無大志者」，通常在他們面臨挑戰的時候，很容易被擊潰，進而放棄。他們總是憤世嫉俗，逃避改變，且能力有限。

「半途而廢者」則是曾經盡心盡力，但也許是因為遇到自己無法超越的瓶頸，或是達到一個他們認為穩定的程度後，他們就不再全心全意地投入了，只求將分內的工作做好，也因此逐漸喪失最初領先的優勢，他們的能力逐漸減少。

至於「登峰造極者」則是不屈不撓，投注全力的人。雖然過程中他們會遇到許多挫折，但是經由不斷地向失敗學習、繼續成長，他們反而有能力再攀其他高峰。

而最終造就你成為哪一種人的關鍵就是——你的AQ高低與否。

**Medicine 處方箋**

◎ **發洩情緒，可減低挫折感**

可以適度發洩鬱悶情緒的方法，一種是哭泣，當我們遭遇到挫折之後，透過流眼淚可以將一些負面的情緒排解出去；一種是傾訴，即遇到挫

折時將自己的煩悶向別人訴說，也可以寫部落格來傾訴自己的不快，兩種方式都能有效減低挫折感。

## ◎ 不抱怨，只解決問題

碰到不如意的情況，AQ低的人多半會怪東怪西，認為都是別人的錯，才讓自己不能如願。然而在抱怨過後，心情往往會更加沮喪，因為問題還是沒解決。

而AQ高的人通常沒時間抱怨，因為他們正忙著解決問題。所以請減少抱怨的時間，因為少一分時間去抱怨，你就多一分時間去做補救。

## ◎ 先看優點，再看缺點

當挫折發生時，如果第一個念頭是：「完了，這下沒救了！」那就很難逃脫之後漸入悲觀的想像漩渦。

而AQ高手的做法通常是，遇到狀況時先問自己：「現在有什麼是有幫助的？」換句話說，就是在挫折中找優勢，並把它轉化成進步的助力。

例如，突然放了無薪假不知如何是好，但想一想，現在多了自己可支配的時間，於是再進修培養第二專長，似乎是不錯的想法，也許能就此開創出另一番格局。畢竟，自怨自艾解決不了問題，懂得在逆境中找機會，才是高AQ的聰明表現。

## ◎ 將「糟糕」，轉換成日後的「還好」

看待種種的挫敗，AQ高手會清楚地知道，一時的成敗並不能決定一生的成就。

就像知名導演魏德聖，在拍電影之前，工作就換了好幾個，甚至賣過靈骨塔，最後卻因緣際會地找到了自己真正的舞台，現在想想，還真「還

好」當時工作沒做得好，否則現在就不是這番光景了。

只要保持樂觀的心態，塞翁失馬焉知非福，AQ高手就能將當下的不幸，轉變成日後的「還好……」。

## ◎ 以其他目標代替原先目標

當最初的目標受挫之後，用其他的目標來代替原來的目標，用其他的成功來給予補償，也能夠取得心理平衡。

例如，期中考卷發下來了，原本想考九十分的英文才考七十分，是不太好，但你可以找找其他科目是否有進步，即使沒有分數上的表現，那麼糾正了一個以前經常犯的錯也值得高興。

## ◎ 強迫自己做轉移情緒的活動

如果過分注重某一次的挫折事件，往往就會陷入苦悶而無法自拔，從而進入惡劣情緒的死巷。

為了減少面對挫折的恐懼心理，你可以採取轉移情緒的方法來改善。例如看看電影、找朋友聊聊天、玩電腦遊戲等等。

## ◎ 期望越高，失望越大

期望太高，自然容易受挫。例如：小美性格開朗，很多同學都喜歡和她相處，她也非常在意同學們對自己的看法，總是希望每個人都喜歡她。

有一次，她偶然聽到兩個同學在議論她，說她假裝對別人好。這讓她很受傷，一時之間也不知道哪些人是真的朋友。

希望每個人都喜歡自己，可能是很多人的願望，但這樣的期望顯然非常不合理，因能受到大多數人的認可就已經很不錯了。

## ◎ 解決問題的分析方法

首先確定目標為何，然後思考要達到此一目標，需要先實現什麼子目標，再思考要達成子目標之前，又必須先實現什麼小目標，由此類推。

所有的子目標，其實就是各種的障礙排除。而一個個子目標被實現的過程，也就是一個個的子障礙被排除的過程。它可分成四個階段：

第一步：明確解決問題的目標。

第二步：確定妨礙目標的障礙。

第三步：分析造成障礙的原因。

第四步：對症下藥，排除障礙。

當所有的子目標都達成的時候，你的問題也就解決了。

### Make you happy 維他命

#### 🔆 每天實現一個小渴望！

想去哪裡，就安排個時間前往吧；想吃甜點，就買一個來品嚐吧；好好享用你的早餐、午餐、晚餐……每天實現自己的一個小渴望，就能讓自己過得更快樂。

# 《10》 逆境求生的「史托克戴爾弔詭」

在人的一生中，最光輝的一天並非是功成名就的那天，而是從悲嘆與絕望中產生對人生的挑戰、以勇敢邁向意志的那一天。

——法國文學家　福樓拜（Gustave Flaubert）

## Case Sharing

　　管理大師柯林斯（Jim Collins）在《A到A+》（Good to Great）一書裡曾提到所謂的「史托克戴爾弔詭」（Stockdale Paradox），說的是美國海軍上將史托克戴爾在越共集中營裡度過了八年的真實故事。讓我們一起來看看：

　　史托克戴爾是美國海軍上將，越戰期間，他是被稱為「河內希爾頓」的越共戰俘營中官階最高的美國軍官。

　　在一九六五年到一九七三年，長達八年的囚禁期間，史托克戴爾遭受過二十多次的酷刑折磨，不知何時才能重見天日，甚至不確定還能不能活著回去。

　　他一肩挑起戰俘營指揮官的重任，一方面和越共周旋，另一方面又要盡一切的努力幫助更多的戰俘不至於崩潰、並設法存活下來。

　　有一度，他甚至用凳子撞擊自己，拿刮鬍刀自殘，故意讓自己破相，以阻止越共拿他來當做「戰俘受到良好待遇」的樣版，拍攝錄影帶大肆宣傳。

明知一旦被發現，一定會受到更多的折磨，甚至會被處死，他和妻子通信時，仍然偷偷地傳遞情報。他發明了一些規則來幫助同僚應付嚴刑逼供（沒有人能無限期地忍受酷刑折磨，所以他發明了具體的因應步驟，例如，X分鐘之後，你可以透露什麼訊息——因此戰俘忍受折磨時，可以掌握具體的目標，知道必須忍受到什麼限度），他還建立了微妙的戰俘營內部通訊系統，運用敲打密碼來代表英文字母。

　　有一陣子，越共嚴禁戰俘之間彼此交談，結果戰俘在史托克戴爾被俘三週年的那一天，利用在戰俘營中庭掃地、拖地的機會，以掃把和拖把打出密碼，向史托克戴爾表示：「我們都愛你」。

　　史托克戴爾在被釋放後，成為美國海軍史上第一位同時榮獲航空勳章和國會榮譽獎章的三星將官。而在史托克戴爾夫婦合著的「愛與戰爭」（In Love and War）一書中，描述了囚禁在戰俘營的八年裡他們夫妻倆各自的經歷。書中所描述的情景實在太淒慘了——前途茫茫、越共又是如此殘酷等等。

　　那麼，當時忍受煎熬，而且不知道故事結局的史托克戴爾，究竟是怎麼熬過來的？他說：「我沒有喪失信心，我不但不懷疑自己能脫困，而且也相信我一定能活下來，這段經歷變成扭轉我人生的關鍵，現在回頭來看，我不願和任何人交換這段經歷。」

　　有人詢問他：「哪一種人通常無法堅持到最後？」

　　「噢，樂天派的人，因為樂天派的人會說：『聖誕節以前，我們就會被釋放。』結果，聖誕節來臨了，聖誕節又過去了。

　　然後他們又說：『復活節以前，我們一定會脫困。』

　　結果，復活節也過去了。接下來，是感恩節，然後聖誕節又來臨了。最後，他們因為心碎而死。」

　　史托克戴爾接著說：「我從這個經驗中學到了很重要的教訓：一定要

相信自己能獲得最後的勝利，絕對不可以喪失信心，但同時，也必須很有紀律，不管眼前的現實是多麼殘酷，都必須勇敢面對，千萬不要把對未來的信心和面對現實的紀律混為一談。」

## BEST 這樣想比較好

人生除了短暫的高峰之外，其實多數人在大部分的時間，不是在往上爬，就是在走下坡。

當我們在面對殘酷現實時，能在逆境求生的人將能變得更堅韌不拔，而不是衰頹不振。直接面對現實的痛苦反而令他們興奮，他們會說：「我們不放棄、不投降。或許要花很長的時間，但我們一定能獲得最後的勝利！」

研究報告指出，許多重大苦難的倖存者，例如癌症患者、戰俘、意外災難的生還者等，這一類的受難者通常可以分為三類：有的人從此一蹶不振，有的人恢復正常生活，有的人則歷經苦難而變得更加堅強。

而具備「逆境求生」特質的人就好像第三種人，具有「堅韌不拔」的因子。此心理效應之所以出現「弔詭」一詞，是因為不管是戰俘還是成功的企業家，其實他們都擁有一種特質，那就是他們都會樂觀地相信自己在最後一定會勝利，但也認為事情沒有那麼簡單，在過程中一定需要奮鬥，他們是「懷抱希望，體認現實」的那一類型的人。

我們不能因為相信終將會脫困，就失去紀律，這可能是這一個看似「很一般的觀念」裡最重要的關鍵。因為遭遇困難時，每個人都會說「相信自己」和「從不放棄」。

## ◎ 相信自己並勇敢面對現實

人生本來就不公平——有時候如意，有時候失意。

一路走來，每個人都經歷過不少失望、挫折，甚至莫名其妙的失敗。每個人都可能生病、受傷、遭遇意外、痛失所愛的人。

每個人之所以最後的境遇不同，原因不在於有沒有遭遇困難，而在於他們「如何因應」人生中不可避免的逆境。

在面對生命中的種種挑戰時，相信自己一定能劫後餘生，同時又能勇敢面對眼前的殘酷事實，這能幫助我們不被逆境擊倒，變得更堅強。

## ◎ 克服逆境需要強者心態

要面對逆境，甚至戰勝逆境，你需要有強者的心態，這是一種態度。每個人都有權選擇自己的生活態度，而態度影響了我們待人處事的方法，因為人生的結果都是由我們的思想而來的。

要選擇積極進取、力求突破，還是消極退縮、虎頭蛇尾，對個人的發展或者戰勝逆境都是極為重要的心態。

## ◎ 挫折經驗會影響工作表現

一個人面對逆境的態度，對你全面地認識這個人有著重要的幫助。因為逆境不是壞事，相反地，它是一種磨練、是一種考驗。

事實上，現代的研究也發現，挫折、磨難可以給一個人帶來無可取代的寶貴經驗。而一個人是否有重大挫折的經驗，甚至關係到他工作上的表現。

根據美國哥倫比亞大學醫學院與史塔桑管理研究中心的一項長達十年

的聯合研究發現：有磨難經驗，並且能從中走出來的人，他們面對逆境的能力會提高。不僅如此，他們身上還會有著幾種成功的重要特質：

◆在逆境中能夠迅速地恢復精神。

◆能敏捷地解決和思考問題。

◆表現傑出，並且能保持表現。

◆抱持樂觀的態度。

◆能夠學習、成長、進步。

◆必要時願意冒險、嘗試。

## Make you happy　維他命

### 樂意和人群接觸！

心理學家陶德‧卡什丹（Todd B. Kashdan）曾說：「和其他人在戲院裡一起開懷大笑，會比你在家裡看電影更開心、更痛快。」下次，你不妨主動接近人群吧！

# 11 改變既定觀念，凡事往好處想

生命這點很有趣，如果你除了最好的之外，一律拒絕，通常就會得到最好的。

——英國小說家 威廉·毛姆（William Somerset Maugham）

## Case Sharing

美玉是杞人憂天的那種人，經常在事情還沒有真正發生時，她就已經煩惱到睡不著覺，使得自己每天都過得不快樂，因為她實在有著太多的事情要擔心了。

學校的老師打來和她聊聊孩子的近況，她總會聯想老師是不是在暗示她孩子不乖；先生因為加班或應酬很晚回家，她總會擔心老公是不是在外面有了小三；公婆問她最近忙不忙，她總會聯想到是否自己看起來太閒？

只要開始想到不好的事、產生負面的情緒，她就會不斷地提醒自己：「等一下！不要這樣想！」企圖去打斷腦海裡越想越糟的畫面，但是這反倒讓她更焦慮、更疲憊了。

這樣的日子，不辛苦嗎？幸好美國心理學家馬丁·塞利格曼博士提出了「正向心理學」（Positive Psychology）。

什麼是正向心理學？它指的是當我們在遇到挫折時不會逃避，反而會產生「解決問題」的企圖心，想找出方法去迎接挑戰的一種心理狀態。塞利格曼博士如此形容——「想像一下，有一種藥可以讓你多活八、九年，

而且每年多賺一萬五千元美金，還能讓你不容易離婚……快樂似乎就是這種藥。」

反面來說，「負面心理」指的是一遇到挫折就被自己的負面情緒所打敗，最後決定放棄或逃離的心理狀態。

例如上班上課又遲到了，負面思考的人的第一個反應通常是怪罪別人：「紅綠燈怎麼這麼多！」、「前面的人怎麼走得這麼慢！」而最後會做出「遲到就算了」或是「乾脆不去了」的決定。

然而正面思考的人卻會找出解決方法，例如搭計程車、告訴主管自己會晚一點到等等，繼續按照原訂計畫去進行，這就是兩者最大的差別。

## BEST 這樣想比較好

一般情況下，當我們在被誤解、被責罵時，會覺得生氣或委屈，難免會沮喪或哭泣，此時便很難理性地去面對眼前的事情。因此，你不妨嘗試暫停一下，讓自己與內心對話：「你也不願意碰到這種事，那麼你準備怎麼處理？要怎麼處理會更好？」

然後，試著多回想一些過去的美好記憶，例如和朋友開心打鬧、與家人相處的溫馨場景等等，來幫助你的情緒回到「正常值」，如此能避免你做出事後讓自己後悔不已的決定或行為。

人生本來就是有輸有贏，只是看我們如何去看待「輸」這件事。有許多人就是因為不願意接受事實，以至於「越輸越多」，最後導致難以收拾的局面。

如果你已經輸了，那麼請記得人生中最實用的一句話，那就是「少輸

為贏」，為自己訂立一個停損點是最聰明的做法。

其實我們不必刻意去打斷那些恐懼或生氣的情緒，因為當我們想要打斷某些念頭時，身體反而會產生更大的抵抗。不如就在恐懼的當下，用新的觀念和態度來取代恐懼和生氣，久而久之，就能把負面念頭逐漸轉正。

而許多專家根據數以千計的研究報告都指出，他們認為快樂是可以測量，也是可以製造的。如果你願意去嘗試當一個積極的人，追求自己的幸福快樂，那麼許多方法都能幫助你找到快樂的泉源。

## ◎ 改變腦海中的既定觀念

從小到大的教育環境讓多數人都抱持著所謂「滿分」的想法，但這會讓我們越來越辛苦。例如：「當一個好媽媽就一定要……」、「當一個好老師就應該要……」、「當一個好主管就應要……」而這些種種的「應該」、「就要」，只會把你自己逼得越來越緊。

改變既定觀念也許不是那麼簡單，但是我們可以循序漸進地調整想法，學會判別什麼樣的想法是既定觀念，將「我應該……怎麼可以……」的說法，改成較彈性化的「不是我能力不好（不去做），而是大環境如此（外在因素），我只要……，就能……了！」如此你將能在適當的壓力之下還保持著衝勁，能激發出更好的結果。

## ◎ 利用「空椅法」傾吐心聲

心理學上有一種「空椅法」，能幫助你抒解情緒。它指的是在距離你

約一公尺的前方擺張空椅子，然後你對著椅子將想說卻說不出的話盡情說出口。

## ◎ 尋求心理諮商師的協助

若你不想將煩惱與熟人傾訴，你也可以尋求專業諮商師的幫助，安心地宣洩出你的壓力、痛苦和各種讓你難受的情緒，諮商師能陪同你整頓心情，並能藉由專業的自我接納、自我肯定等治療過程幫助你減輕壓力。

## ◎ 先從一觸即發的場合裡跳脫

著名的兩性與人際關係專家吳娟瑜提出一種有效方法，那就是「一吸」、「二離」、「三好玩」、「四回來再溝通」。

當我們脾氣正上來的時候，你不妨先試著「深呼吸」，接著「離開現場」，然後「去做一些好玩的事」，最後等情緒都平靜了，再「回來溝通」。

記住，千萬不要在雙方劍拔弩張的當下勉強彼此談判或溝通，百害而無一利。

## ◎ 路不轉人轉，人不轉心轉

多數人都是因為家庭、工作問題而導致情緒低落，如果能適時地解開心結，就能挽救自己快要枯萎的內心。在那個情緒的當下，如果你還是嚥不下這口氣，那麼請趕緊默唸「山不轉路轉，路不轉人轉，人不轉心轉」這句話十次吧！

轉個念頭，試著將那一個讓你生氣、受委屈的人，當成是來訓練自己成長的老師，並且感謝他。雖然做來很困難，但是，請你感謝他來訓練你，這是一種最簡單也是最困難、同時也最有效的方法了。

## ◎ 正向思考的練習

正向思考，就是鼓勵我們去擺脫焦慮、抒解壓力、管理情緒，最後才是解決問題。你可以試著做以下的練習來幫助自己正面思考：

◆下雨天，你去大賣場購物，要回家時才發現自己的傘已經被人「借走」了……

你可以想：「那支傘也用蠻久了，剛好可以換支新的！」

你可以想：「說不定那個人不小心拿錯了，也不能太苛責他……」

你可以想：「說不定那個人家裡很窮，剛好讓他能拿一把傘用……」

◆趕著上班，進辦公室之後才發現口袋裡的一千元怎麼不翼而飛……

你可以想：「還好不是整個皮夾不見……」

你可以想：「撿到的人一定很高興……」

你可以想：「撿到的人說不定拿去捐錢捐掉了，也是替我做好事！」

凡事往好處想，是不是心情就變得很不一樣了？

---

### Make you happy 維他命

#### 串起好事！

回想一下今天所遇到的每一件好事，然後像串珠子一樣將它們連結起來，並且畫出來。看著珠子越串越多，這個動作會讓你重新注意到原先在生活中覺得沒什麼的好事，例如，平常很難找的停車位，今天卻立刻找到了；下班搭捷運的時候，偶然地遇到了大學的好朋友等等，覺得自己是幸運的。

# 12 用幽默調整人生的鏡頭

永保青春的秘訣就是誠實過活，細嚼慢嚥，還有謊報年齡。

—— 美國喜劇演員　露西爾・鮑爾（Lucille Ball）

## Case Sharing

　　過去紐約有一家報紙在四月一日「愚人節」當天，為了捉弄作家馬克吐溫，便杜撰他過世的報導。結果，馬克吐溫的親朋好友紛紛趕來弔唁。

　　當他們按門鈴時，只見馬克吐溫安然無恙地出來開門。大夥馬上明白遭到報導的戲弄，並嚴厲譴責造謠的報紙。然而馬克吐溫卻毫無慍色，幽默地說：「報紙報導我死是千真萬確的，只不過提前了一些。」

　　而有項心理遊戲是這樣進行的，遊戲讓參加者進入布置好的房間，請參加者在短暫時間內記住某種顏色的物品，接下來離開房間，說出記得的物品，並追問是否記得其他顏色的物品。最後，參加者能說出大部分指定顏色的物品，但對於其它顏色的物品，卻鮮少記得。

　　當我們不斷尋找或注意某種顏色時，我們可能只看見和記得這個顏色，相對地，會忽略其它顏色的存在。

　　我們有時會視自己為世界中心，因而嚴肅地面對人生課題，不寬容自己或他人的缺點和小錯，淡化自己或他人所做出的努力和優點。

　　當我們一直注意或擔心不好的事情時，總容易見到擔心的事發生，而錯過那些應該發生的美好事情。

敦仁醫院職能治療科醫師鐘洞偉這麼說道：「有些方法有點不可思議，以至於我們輕忽它們的功效。幽默起初產生的效果，只是試著在困境中找出引發快樂情緒的念頭；事後發現，這不僅能夠克服沮喪，撫慰受傷的心靈，更能讓我們有力氣繼續追求所要的生活。」

　　然而我們可以如何運用幽默來調整人生的鏡頭，來找出生活中值得歡笑的部分，來笑談現實所帶來的打擊呢？

## 這樣想比較好

　　種種對身心關聯研究的證據都顯示了，正向情緒對於個人生理健康和疾病復原方面扮演著重要的影響。如果負面情緒是罹患心理疾病的原因之一，那麼正面情緒或許可以讓我們康復。

　　因此，我們需要新的觀點來面對「壓力」、「改變」和「失去」這些事情，使得難熬的處境不至於演變成生理疾病。

　　而「幽默」正能給予我們這樣的協助，它能引發趣味的思考觀點，調整我們看待人生的鏡頭，幫助我們輕鬆面對不容易改變的事實。

　　我們可以運用幽默的觀點，自嘲自己在一整天下來中所犯的錯誤或不順遂的事件。我們並不是嘲笑所經歷的一切，而是同時去看見事情的嚴肅和趣味的兩種面向。

　　當我們不再聚焦於負面念頭、陷入某個解不開的死結時，就能讓問題在更寬廣的視野中顯得渺小。

　　例如在美國，不但交通警察有幽默感，就連被取締的民眾也多有幽默

感。

　　生性樂觀、幽默的民族性，即使在面對被違規取締時，仍可以自我解嘲一番，罰款雖然還是得繳，但起碼情緒上得到不少的抒解。無謂的生氣，更會傷了身體，這豈不是和健康過不去了？

　　試著將自己的趣味思考與人分享，讓歡樂散布到周遭，這也許需要練習與勇氣，才能在他人面前輕鬆地談論自己。而笑談自己並非一種貶抑，而是坦然地去面對困窘、失意或煩惱時的個人想法，這也展現了自己是以何種方式看待人生及所認識的人。

　　幽默所能發揮出的歡笑力量，能讓我們跳脫原本僵硬、刻板的社交模式，同時加強溝通的樂趣，拉近彼此間的距離。

Medicine 處方箋

## ◎ 容許幽默在困境中發生

　　美好、歡笑和有意義的日子，常是人們所期盼的生活。然而，人生就像天空一般，並不一定都是藍天，總會遇著各式各樣的狀況。當下難熬的情緒和反應也許會讓我們懷疑自己是否足夠堅強，是否能夠對目標堅持下去。

　　就讓我們抱持著開放的心情，容許幽默在困境中發生，邀請它，與它同行，將痛苦一點一滴推出生命中，我們將發現自己並不如想像中的軟弱。

　　讓我們現在就做好歡笑的準備，積極轉換正面趣味的觀點，不再以負面自我挫敗的方式看待世界。讓發生在我們身上的各種事件，是喜或悲，

全賴我們的幽默而定。

## ◎ 這件事有哪些好玩的地方？

當我們面對棘手的挑戰或困難時，能問自己的最好問題也許就是：「這件事有哪些好玩的地方？」請你選擇將注意力放在趣味的部分，不嚇自己說：「這會是多糟糕的事情！」因為大部分令我們痛苦的事件，在十年後重新檢視，都會成為人生的小片段。

將挫折或困難視為暫時的過程，而不是全部的結果，那麼眼前所發生的事情就不再會讓你感受那麼嚴重。當我們越能享受趣味的部分，就越能凌駕於自身的煩惱，從嚴肅的生活責任中得到休息。

## ◎ 微笑是快樂的秘訣

運用幽默找回快樂的秘訣，就在於付諸「實踐與練習」。

只要我們下定決心，便能體會困難的遭遇未必一定帶來痛苦，而是我們看待它們的眼光所產生的結果。如果我們還不熟悉從周遭環境中發掘趣味，那麼就對著鏡子練習簡單的微笑，這同樣會觸動快樂的神經。每天注視鏡中的自己，練習找出自己的身體或想法可以發笑的點子。

微笑不僅是快樂的產物，同時也是觸發快樂的元素。如果我們從來不笑，就注定很難快樂。因為，痛苦或快樂與否，並不全然取決於外在環境。快樂的秘訣，就在我們自己身上。

## ◎ 幽默用在正途

機智與幽默是不可分的，幽默的機智更為深層，但是要恰當運用上，否則容易聰明反被聰明誤，造成他人的誤解。機智中所指的「智」，不是賣弄小聰明，假如只是耍耍嘴皮子，以逸代勞，結果只會更為糟糕。

　　然而「幽默」真正讓我們值得去學習的機智，指的是「智慧」，它代表的是正確的判斷力、分析力和解決問題的能力。機智與幽默是不可分的，機智也是幽默的原動力，一個有幽默感的人，如能在適當的時機運用出來，就能有助於周遭人體會出幽默的效果。

## Make you happy 維他命

### 接觸色彩！

　　顏色是我們情緒的「健康食品」，你可以穿著色彩明亮的衣服，例如「黃色」、「橘色」、「綠色」等，這些顏色都可以有效地穩定及改善我們的負面情緒。

## 遭遇困境時，你的情緒保護色是哪種模樣？

　　內心感到受傷、遭遇到各種困境……這些都是在生活中經常會發生的事。然而，在每一個「倒楣」的時候你會怎麼辦呢？輕鬆回答以下問題，看看該如何處理你的情緒才好？

**1** 今天是你的生日，但是完全沒有一個人記得或做任何的反應，你會……

　**a.** 算了，我早就習慣了，這不重要。⋯⋯⋯⋯⋯⋯⋯⋯⋯⋯⋯⋯⋯⋯⋯ ★

　**b.** 我自己一個人也可以去大吃大喝啊！⋯⋯⋯⋯⋯⋯⋯⋯⋯⋯⋯⋯⋯ ◎

　**c.** 可能大家都太忙了，或者他們是想要給我一個驚喜吧！⋯⋯⋯⋯⋯ ◇

　**d.** 很憂鬱，自己躲起來難過。⋯⋯⋯⋯⋯⋯⋯⋯⋯⋯⋯⋯⋯⋯⋯⋯⋯ △

**2** 和你相伴多年的愛犬死掉了，你會……

　**a.** 不要再多想這件事情，把和牠有關的東西都收起來。⋯⋯⋯⋯⋯⋯ ★

　**b.** 把難過的心情都寫下來，或者是藉由畫畫等其他方式抒解悲傷。⋯⋯ ◎

　**c.** 很難過很難過，在房間裡掉眼淚，或打電話和別人訴苦。⋯⋯⋯⋯ △

　**d.** 狗本來就會死，牠如果再晚一點死會更痛苦。⋯⋯⋯⋯⋯⋯⋯⋯⋯ ◇

**3** 你想要買一台很漂亮的筆記型電腦，但是存款不夠，你會……

　**a.** 算了啦！筆記型電腦有什麼好的，還怕被偷怕刮傷，太麻煩了。⋯ ◇

　**b.** 努力賺錢、存錢，希望有朝一日可以買到它。⋯⋯⋯⋯⋯⋯⋯⋯⋯ ◎

　**c.** 去向朋友或爸爸媽媽央求，借點錢來達成願望。⋯⋯⋯⋯⋯⋯⋯⋯ △

　**d.** 不想了，當作沒有看過那台電腦就好了。⋯⋯⋯⋯⋯⋯⋯⋯⋯⋯⋯ ★

**4** 你喜歡的人即將要和別人結婚了，你會……

   **a.** 不要再想他了，趕快找另一個人來愛。 ························· ★

   **b.** 他有什麼好的，真是沒眼光，居然沒有選我，以後他一定不會幸福。 ····· ◇

   **c.** 去旅行、散心，試著讓自己接受並祝福他。 ··············· ◎

   **d.** 跟別人抱怨，哭哭鬧鬧，或借酒澆愁。 ················· △

**5** 你的朋友和你共同去應徵一個工作，結果他被錄取、而你落榜了，你會……

   **a.** 下一個被錄取的就是我了，先祝福他吧！ ··············· ◎

   **b.** 心裡不甘、難過，暫時不想看到他。 ················· △

   **c.** 對這件事情保持冷漠，不想有什麼反應。 ··············· ★

   **d.** 覺得朋友一定有認識的人幫他引薦或用其他絕招，絕對不是實力問題。 ··· ◇

## 解 答

### ◯ 選★最多的人 ……▷ 【壓抑型的情緒保護色】

當你陷入到困境之中，你就會不自覺地將那些不愉快的事情排除到意識之外；藉著刻意遺忘、不去想的方式來讓自己好過一點，這樣的做法也讓負面的情緒無法影響你太大。

然而這樣的你在心裡隱藏著許多心事，這些就像垃圾一樣，一點一滴地累積在心中。雖然這能讓你在難過時不至於失控，但在某些關鍵時刻卻會讓你感到悲傷。

建議你，好好整理心中的感覺，過多的壓抑會讓內心發慌而感到不舒服。也許找個人說說會讓你好一點，偶爾的情緒釋放是有助於心理健康的。

### 選◎最多的人 ⋯⋯⋯ 【昇華型的情緒保護色】

當你陷入困境時，你會去找到事物正向的那一面，因此當你感到傷心、生氣的時候，你會讓自己的注意力轉移到其他方面，例如可能藉由旅行、聽音樂、看電影、寫日記等方式來抒解內心的情緒。這樣的你給人的感覺是豁達的、理智的，是可以溝通、包容的。

建議你可以在這些抒解方式裡找到自己最有興趣或最得心應手的部分，這往往能讓你的才華獲得極致的發揮。例如失戀帶給你很大的痛苦，你將這些感受寫下來，也許就能從中發現自己在創作上的潛力。

### 選◇最多的人 ⋯⋯⋯ 【合理化型的情緒保護色】

當你陷入困境時，「找藉口」是你最拿手的方式，也就是一種酸葡萄的心理認為得不到的東西就一定是不好的，藉此讓自己的心裡舒坦一點，難過自然就少了。這樣的你，最怕掉入自欺欺人的陷阱，明明就很在乎，卻要裝出一副豁達的樣子，然而內心其實在淌血。

如此一來，不但自己不好受，有時還讓人覺得你不真誠，搞不清楚你到底要的是什麼。倘若你沒辦法正視這一點的話，可能會喪失很多能夠努力的機會。

### 選△最多的人 ⋯⋯⋯ 【退化型的情緒保護色】

當你陷入困境當中，你就會回歸到不成熟的階段，出現一些孩童時期的反應。例如，當你在難過的時候，你會讓自己盡情地憂鬱，躲在房間裡哭泣、歇斯底里，或是黏著某人不放，不斷地和對方抱怨你心中的痛苦。即使平常再怎麼理智的你，這個時候也變得撒嬌、依賴了起來。

這樣的你，其實需要能夠給你包容和關懷的人，像個長輩一樣地安慰你、照顧你。只是，倘若你的這一面出現頻率過高，可能會讓人家覺得你相當煩人。

（測驗內容摘自 http://www.uho.com.tw/master/erica/index.asp）

**13** 什麼是信心商數？

**14** 清楚自己的長處和價值

**15** 適者生存，你要能順應改變

**16** 方向對了，就不怕路遠

**17** 堅持不了時，你該思考的事

**18** 多想別人感受，更有良好溝通

自我測驗 哪一種跳脫低落情緒的方法最適合你？

FQ

# 信心商數

勇氣無法適應環境，只能改變

FQ

*Faith Quotient*

# 13 什麼是信心商數？

三個字道盡我對生命的體悟——「向前行。」

——美國詩人　羅伯‧佛洛斯特（Robert Frost）

## Case Sharing

　　有一個喜愛雕刻的年輕人，他想拜一位雕刻家為師，但正如這位雕刻家對待自己的作品一樣，他收徒弟的條件也十分苛刻。有五年的時間，這位年輕人每刻好一件作品，就會拿去給雕刻家過目，但雕刻家多半連看都不看一眼，就會毫不留情面地將它摔成碎片。許多人都認為雕刻家太不近人情，這位年輕人也感到難過，雕刻家卻從不為自己辯解，只說了一句意味深長的話：「只要信心沒有被打碎，就可以成功。」

　　年輕人有所感悟，仍然堅持下去，作品一完成就送給雕刻家。終於有一天，雕刻家看了這位年輕人的作品，不僅沒有打碎，還十分滿意地點了點頭，青年終於如願以償地拜了這位雕刻家為師，後來他的技藝青出於藍而勝於藍，超越了這位雕刻家。

　　一定要記住，只要信心沒有被打碎，就一定能夠成功，只要有信心，什麼樣的奇蹟能不被創造出來呢？什麼樣的痛苦不能被治癒呢？正因為你一直沒有將自己的觀念糾正過來，所以失敗，心灰意冷，但是那些都不要緊，只要信心沒有被打碎，就一定能夠成功。

## BEST 這樣想比較好

每個人與世界相比總是渺小，面對複雜多變的社會環境，能安心愉快地生活下去需要依賴自我的信心。當我們信心不足時，就常會疑神疑鬼、恐懼，甚至極度不安與不知所措。

這裡談到的便是信心商數（Faith Quotient, FQ），我們說信心商數較高者，較能穩健愉悅地過生活。

無論你失敗過多少次，都不重要，只要你的信心沒有被打碎，你就永遠不屬於失敗，永遠也不會失敗。既然，信心不能被打碎，那就努力吧，沒有任何藉口。

只是，或許你沒有在正確的道路上付出努力，所以成功只是在遠處看著你。而正確的信心，可以讓你獲得不可思議的成果。

而信心的來源有兩種，一種是「天生」的信心，另一種是「後天」努力獲得的信心。

前者如：外表長得超凡脫俗，或者身材極佳等，這些都會帶給人信心；後者如：口才好，這就是透過自己的認真努力獲得來的。

信心應該是對生活充滿樂觀和進取的信念；信心是有克服生活、工作中遇到的困難的決心和勇氣，是任何情況下都不動搖，能努力為之奮鬥的動力源泉。信心能給人無窮的力量，信心是一種永不服輸的精神。

我們每個人都應該努力提高自身的信心商數，建立真正永久的信心！因為有信心的人往往有超越一般人的作為，信心雖然不一定使我們成就偉人的成績，但它最起碼可以使我們成為一位出色的人。

## ◎ 第一步：藉自我暗示替自己打氣

信心的第一步：不要小看自己，多給自己打氣。一個不能說服自己做好自身任務的人，不會有信心。

兩千多年前，孟子曾說：「堯舜與人同耳，人皆可以為堯舜」，中國古諺：「天生我才必有用」、「長風破浪會有時，直掛雲帆濟滄海。」在在說明了每個人都有自己的特色和長處，只要我們能看重和發揮它，每個人都能成為自己領域裡的非凡的人。

每天堅持運用語言對自己進行自我暗示，自我肯定，可以大力提高我們的信心。你可以每天對自己說：「我是最好的！」、「我是最優秀的！」、「我相信我能夠達成目標，我一定要做到！」

## ◎ 機會只留給有準備的人

對每個人來說，機遇都是平等的。但提出相對論的物理學家愛因斯坦（Albert Einstein）的名言卻是：「機遇只垂青於有準備的人。」

雖然時機是一種客觀因素，不以人的意志作為轉移，也有無法預期的特性，但並非是無法主動創造的。因為聰明人總是一邊從事手上的工作，一邊留心、捕捉著突破或成功的時機。當時機尚不成熟時，他會繼續尋找出路；一旦時機成熟，他就能順應形勢，促成自己的事業達到顛峰。

唯有時刻先做好準備，一旦機會來臨時便能牢牢抓住，有所作為。縱觀世界上有所成就的人，往往不是那些幸運兒（除非是大樂透得主），反而是那些善於創造機會的普通人。

人際關係學大師戴爾·卡內基（Dale Carnegie）如此說：「沒有機

會，這是失敗者的推諉；許多奮鬥者的成功，都是用自己的能力去創造機會。」

## ◎ 信心是成功的基石

在許多成功者的身上，我們都可以看到超凡的信心所發揮的巨大效果。這些在事業上獲得成功的人，在信心的驅動下，敢於對自己提出更高的要求，同時能在失敗的時候看到希望，最終獲得成功。因此在通往成功的道路上，信心是你必不可少的工具，它可以幫助你走過一條條不平坦的道路，它可以幫助你剷除阻礙前進的荊棘。

信心是成功的基石。有信心的人善於自我發掘，能正確認識自己的強項和弱點，並且能夠利用自己的優勢面對環境，而不受情緒影響。人生來沒有什麼侷限，每個人的內心都有一個沉睡的巨人。

信心，就是要為自己鼓掌打氣，就是勇敢地面對失敗，百折不撓，就是要徹底發揮自己的長處。

## Make you happy 維他命

### 看事物好的那一面！

無論何時，盡可能看事物好的那一面。你可能覺得自己正遭遇著挫折，但如果停下來，心平氣和地去評估它，你或許會發現其實你處理得很好。

# 《14 清楚自己的長處和價值

精神健康的人，總是努力地工作及愛人，只要能做到這兩件事，其它的事就沒有什麼困難。

——奧地利精神分析學家　佛洛依德（Sigmund Freud）

## Case Sharing

　　有一個出家弟子跑去請教一位很有智慧的師父，他跟在師父的身邊，天天問同樣的問題：「師父啊，什麼是人生真正的價值？」他問得師父煩透了。

　　一天，師父從房間裡拿出一塊石頭，對他說：「你把這塊石頭拿到市場去賣，但不要真的賣掉，只要有人出價就好了，看看市場的人出多少錢買這塊石頭？」

　　弟子聽了，就帶著石頭到市場，有人說這塊石頭很大，很好看，就出價兩塊錢；有人說這塊石頭，可以做秤砣，出價十塊錢。結果大家七嘴八舌，最高也只出到十塊錢。弟子很開心地回去告訴師父：「這塊沒用的石頭還可以賣到十塊錢，真該把它賣了。」

　　師父說：「先不要賣，再把它拿去黃金市場賣賣看，也不要真的賣掉。」

　　弟子就把這石頭拿去黃金市場賣，一開始就有人出價一千塊，第二個人出價一萬塊，最後被出價到十萬元。

弟子興沖沖地跑回去，向師父報告這不可思議的結果。

師父對他說：「接著，你把石頭拿去最貴、最高級的珠寶商場去估價。」

弟子去了。第一個人開價就是十萬，但他不賣，於是二十萬，三十萬，一直加到後來對方生氣了，要他自己出價。他對買家說，師父不許他賣，就把石頭帶了回去。他對師父說：「這塊石頭居然被出價到數十萬。」

師父說：「是呀！我現在不能教你人生的價值，因為你一直在用市場的眼光在看待你的人生。人生的價值，應該是一個人在心中，先有了最好的珠寶商的眼光，才可以看到真正的人生價值。」

## BEST 這樣想比較好

許多人不斷地尋找自我價值以建立起生活態度，但在尋覓之間，卻忽略了最真實的自我；有人以能得到他人的肯定為依據，陷入追求完美的窠臼，變得越來越不快樂。難道一定要變成完整的圓才是完美，才能肯定自我嗎？我們又如何從不完美中找到自我價值？

其實每個人都有特定的自我形象想像，這些想像通常成為尋求自我價值的方向，如果對自我形象滿意，你就會汲汲經營以求完美。

我們在一段關係當中，往往會想從對方身上找自己的價值，卻又因為在對方身上找不到自己的價值而覺得難過、覺得失望、覺得受傷。

當一個人不清楚自己的價值在哪裡時，便會想從他人的答案裡找自己的價值所在。

人們經常在關係裡衡量、計算，你付出了許多，卻擔心到最後什麼都沒有。在人與人之間的關係裡，這些恐懼，你自己最知道。

如果一個人不知道自己的價值所在，便會用無限的付出來交換「自己的價值」，讓對方需要自己，感覺自己便有了價值。

但你不要這麼想，例如：

「我幫忙你這麼多，你怎麼都沒有對我表示感謝？」

「我這麼照顧你，你卻覺得理所當然，到底要我怎麼做才好？」

因為這樣的付出，經常會演變成怎麼付出都不夠，可能始終都得不到對方的肯定與感謝。

這種想法是錯誤的，我們的價值從不在於外面他人的評價，而是在於我們自己給的評價。

我們每一個人的價值都是絕對的。你要堅持自己崇高的價值，接納自己，磨練自己，給自己成長的空間，每個人都能成為「無價之寶」，你能讓自己更有自信，別再隨著他人的評價起舞。

## ◎ 對於不擅長的部分，不必做改善

對於個人不擅長的部分，你其實不必浪費多餘的力氣去做改善。

你應該更專心地去做自己擅長而熟練的事，因為要讓自己從「一竅不通」進步到「一般水準」，要遠比由「一般水準」進步到「更好」要來得花費心力。

但是，多數人卻都只專注於讓完全不擅長的人達到中等程度的表現。

與其這樣，不如利用這些時間、經歷和時間，將原本擅長的優點加強到更為卓越的程度要來得有效率。

## ◎ 尋找生活的意義

一個人快不快樂，取決於能否從自我肯定裡找到自我價值，以及如何能認識真正的自我形象，接受所有的自己——不管是好的或不好的。

每個人都應該找到生活的意義，從每天的生活中找到怦然心動的感覺。

多數人都將生活視為公式，視為一成不變，而將自己的感覺封閉。若能多注意身邊的人、事、物，從自己有興趣的事情中感覺觸動，感受生活的樂趣，如此就可從許多生活細節之中，找到存在的價值及生命的樂趣！

再者，不要太執著於自我，因為將重心擺在自己的身上時，就會開始計較美或不美、成或敗、擁有或失去，別人對自己的態度就會變得特別重要，無法找到真正的自我價值。其實，真正的自我價值應該是，學會享受獨一無二的自己。

## ◎ 學習從挫敗中尋求成功

學習從挫敗中尋求成功的經驗，享受生活中的每一段過程，而非汲汲追求完美的自我，只著重於自己的認知，反而忽略生活的樂趣，忽略用不同的方式肯定自我。

從不同的角度看待生命，明白自己雖不是完美或完全正確的，但和其他人一樣，每一個存在都有價值。

每個人都是缺了一角的圓，想尋求缺乏的那一角，以求完整，但當個缺了一角的圓又何妨，因為不完整，才有動力去找尋另一個角；因為不完整，才有機會接觸更多不同的角，發現生活的樂趣；也因為不完整，所以

你是獨一無二的。

## ◎ 如何發揮你的長處？

◆認識你自己的基本性格。這會使你對自己產生信心，激發幹勁。

◆找出你的優點。你善於規劃？善於領導？善於執行？……設法避免去做自己不適合的工作。

◆取他人之長補己之短。不管你是哪種身分，你都應該清楚團體中有哪些人的優點可以彌補你的缺點。

◆萬一被派任一項勢必會使自己暴露短處的任務時，你應先與同事、上司們商討對策，或者是將任務轉授給可勝任的人去執行。

◆你必須知道，任何人都無法永遠避免自己的弱點接受考驗。有時候你必須全力以赴地去面對它，或者嘗試去改進自己的弱點。

◆如果你一直備受工作上的壓力，又始終無法發揮出你的優點，那麼此時你可能就需要換個工作了。

◆如果你確定自己的工作已經毫無挑戰性，或者正邁向錯誤的方向，那麼此時唯一的可行之道就是另謀發展了。但在下決定之前，最好多聽聽別人的意見，審慎考慮。

**Make you happy 維他命**

### 大喝一聲！

當你為一件事而痛苦得難以自拔時，不妨對自己大喝一聲：「這樣痛苦就能解決問題嗎？」、「生命太短促了，還有多少快樂的事情等你去做」……猛然驚醒，也許能控制住你低落的情緒。

# 15 適者生存，你要能順應改變

世界上只有兩種人：一種是觀望者，一種是行動者。大多數人都想改變這個世界，但沒有人想改變自己。

——俄國小說家 托爾斯泰（Leo Nikolayevich Tolstoy）

## Case Sharing

柏拉圖告訴弟子自己能夠移山，弟子們於是紛紛請教他方法，柏拉圖笑道：「很簡單，山若不過來，我就過去。」弟子們不禁啞然。

因為世界上根本沒有什麼移山之術，唯一能夠移動山的秘訣就是——山若不過來我便過去。同樣的道理，人如果不能改變環境，那麼就改變自己。人的性格一旦自小確立，就很難去改變。

一個人的性格從根本上是很難改變的，人們只能在一定範圍內做出有限的調整。我們不能夠回到過去去改變過去，我們可以做的是改變未來，而改變未來就要從改變現在開始，從現在一點一滴的改變，都將對我們的未來造成影響。

人生其實就是一個不斷修正現在，以完善自我的過程，雖然誰也不可能最終成為完美，但我們以比昨天的自己更好的態度去努力。

要改變現狀，就得改變自己，要改變自己，就得改變自己的觀念。一切成就都是從觀念開始的，一連串的失敗，也都是從錯誤的觀念開始的，要適應社會，適應變化，就得改變自己，才能得到信心、穩固信心。

「物競天擇，適者生存」。人的一生就是一個不斷適應的過程，適應的問題無所不在，不可避免地存在於我們的生命歷程中。

因為生活不可能靜如止水、波瀾不驚，我們時時都會面對各種變故；生活不可能總是一帆風順，我們也會遭遇失敗和挫折；生活不可能總是如歌行板、水鄉夜曲，我們會碰到厄運和災禍。

當變故出現時、當失敗和挫折發生時、當厄運和災禍降臨時，我們需要面對的首要問題便是——學會適應。適應是一種接受。由於我們老愛依戀昔日的安逸，懷念過去的清靜，當客觀現實發生變化時，我們便不願走出昨天，面對這種現實、接受這種變化。

「不願接受」，其實就是不願失去曾經擁有的，例如擁有一份令人羨慕的工作，擁有傾心的戀人，擁有相依為命的親人，擁有經營頗佳的生意。

然而生活由不得你，時間由不得你，我們要生活下去，就必須接受生活中種種不願接受的變化。接受，就是在心理上認同，情感上容納；接受，就是走出「懷舊」情結，及早消除負面情緒，迎向未來，重振旗鼓，重新上路。

人生如水，只能人去適應環境，去改變自己。只有這樣，才能克服更多困難，戰勝更多挫折，實現自我願望；如果不能看到自己的缺點與不足，只是一味地埋怨環境不利，從而把改變境遇的希望寄託在改變環境上面，說到底，這實在是徒勞無益的。

## ◎ 改變不了環境就改變自己

經典名言：「如果不喜歡，那就去改變，如果改變不了，那就去適應吧。如果做不到適應，那就只好迴避吧。如果連迴避也做不到，那就只有放棄吧。」環境也好、現狀也好、工作也好、人也好、婚姻也好，這句話的四個原則基本上都適用。

能幹的人會選擇改變，讓不喜歡變得喜歡；懶惰的人會選擇適應，不願費力打掃那就享受髒亂吧；儒弱的人會選擇迴避，可是眼不見心還是煩的。於是勇敢的人會說，我放棄，一了百了。

## ◎ 適應是一種接受，一種挑戰

適應也是一種選擇、一種磨練，因此，它必然是痛苦而艱難的。

生活中，一些人面對種種變化便畏縮膽怯，不願適應、不願改變，於是他們或在厄運面前一蹶不振，或在挫折面前自暴自棄，使人生蒙上了陰影。

其實他們應該明白，適應是人生別無選擇的課題，與其被動適應，不如主動適應。

正是在不斷的適應之中，我們堅定了意志、磨練了毅力、增強了自信、開拓了眼界、增長了見識，進而不斷成長，不斷成熟。也正是在不斷的適應中，我們嚐遍了人生百味，飽覽了人生風景，體驗了成功喜悅，從而充實了人生的內涵，也豐富了生命的色彩。

## ◎ 放棄，是一種智慧

人生就是選擇，而放棄正是一門選擇的學問，是人生的必修課。沒有

勇敢的放棄，就沒有精彩的選擇。與其拼得頭破血流，不如瀟灑地揮手，勇敢地選擇放棄。

歌德說：「生命的全部奧秘就在於為了生存而放棄生存。」放棄是一種智慧。只有學會放棄，才能使自己更寬容、更睿智。

放棄不是噩夢方醒，也不是優柔寡斷，更不是偃旗息鼓，而是一種拾階而上的從容。人生是艱難的航行，絕不會一帆風順，當必須放棄時，就果斷地放棄吧！放得下，才能走得遠，有所放棄，才能有所追求。什麼也不願放棄的人，反而會失去最珍貴的東西。

## ◎ 改變：讀不同的書

閱讀各種不同的書籍，是最好的自我學習，而且不受時空的限制，想什麼時候看書就什麼時候看。

廣義的閱讀就是觀察，所以除了書籍之外，還可以閱讀大地、閱讀建築，從少量到多量，多讀自己專領域以外的書籍，既可充實知識，亦可陶冶性情，總派得上用場。

## ◎ 改變：交不同的朋友

朋友可說是人生最大的財富，快樂的事情和朋友分享會加倍快樂，痛苦的事情和朋友傾訴則會減半痛苦！

所以，每隔一段時間就檢視看看：是不是很久沒有交新朋友了？是不是朋友都屬於同一個領域？有沒有結交不同年齡層、不同性別的朋友？是否認識了新朋友，卻沒有找到真正談心的舊朋友？

無論多好的人際關係，「關係」都是來自於「關愛」和「關心」的，是以維持關係的最好方法就是「彼此關心」。而表現關心的最具體做法是，付出時間給對方，雙方共同享受情感的滿足。

平時不妨多跟朋友聯絡，主動分享自己的近況，既能拓展人脈、增加機會，同時也能透過談話抒解心中的壓力。

## ◎ 改變：做不同的運動

運動是健康之本，為自己選擇三種不同的運動：一種有氧運動，一種全身運動，一種群體運動；一邊健身、一邊美容、一邊交朋友，一舉三得，其樂無窮。讓自己的身心都保持在最佳狀況，這也是很重要的自我鍛鍊，這樣才能步履輕鬆，充滿活力的過上每一天。

## ◎ 改變：去不同的地方走走

長時間待在固定的時空，可是會罹患「固著症候群」的，經常出去走走，一方面增廣見聞，看看周遭環境的變化；另一方面也遠離固定的生活環境，轉換一下心情。

## ◎ 你可以選擇抱怨，也可以選擇振作

每一個人其實都想過更好的生活，但卻不希望改變自己，然而天下沒有白吃的午餐，一分耕耘就會有一分收獲，如果你希望獲得成就，你就必須具備一個像贏家的思考態度或行為規範。

改變的力量可能來自於權威，例如透過法律來建立遵守交通規則的習慣，然而這種方式只能治標，不能治本。另一種力量則來自道德，是內在慈悲的綻放，是推己及人的情懷，是己所不欲、勿施於人的覺醒。當一個人真的了解抽煙會影響他人健康，而那種為他人著想的改變，就是道德的力量。

你可以選擇你要的人生。抱怨只會讓事情更混沌，你可以選擇早晚抱怨別人，也可以在覺醒後力圖振作，它不一定是推翻過去所有的生活步

調，它可以是一個當下念頭的轉換，或是一個行為的修正。不放縱自己的言行，讓自己的善言善行慢慢變成良好的習慣，而人的機運也將慢慢改變。

現在開始，永不嫌遲。一個好的念頭可以看過，但也可能成為改變一個人的契機，知道自己要改善的地方，並且致力去完成它，才是真正有勇氣的人，而成功總是屬於那些堅持到底的人。

**Make you happy　維他命**

### 少一點壓力，多一點鼓勵！

每個人都喜歡被讚美，每個人都需要被激勵，請你當激勵鼓舞自己的那個人，請給自己正向成長的壓力，而不是無限批評的壓力。

# 16 方向對了，就不怕路遠

將注意力集中於能力所及之事，不要不捨無法改變的事實。

—— 美國小說家　湯姆・克蘭西（Tom Clancy）

## Case Sharing

　　來看看臺灣著名的美籍華人歌手，綽號蚱蜢（蚱蜢王子）的李恕權（David Lee）的故事：

　　一九七六年的冬天，當時他十九歲，在休士頓太空總署的太空梭實驗室裡工作，同時也在總署旁邊的休士頓大學主修電腦。縱然忙於學校、睡眠與工作之間，這幾乎占據了他一天二十四小時的全部時間，但只要有多餘的一分鐘，他總是會把所有的精力放在音樂創作上。

　　他知道寫歌詞不是他的專長，所以在這段日子裡，他處處尋找一位善寫歌詞的搭檔，與他一起合作創作。他認識了一位朋友，她的名字叫凡內芮（Valerie Johnson）。

　　自從二十多年前離開德州後，就再也沒聽過她的消息，但是她卻在李恕權事業的起步時，給了他最大的鼓勵。

　　僅十九歲的凡內芮在德州的詩詞比賽中，不知拿過多少獎牌。當時他們的確合寫了許多很好的作品，一直到今天，他仍然認為這些作品充滿了特色與創意。

　　一個星期六的週末，凡內芮又熱情地邀請李恕權到她家的牧場烤肉。

她的家族是德州有名的石油大亨，擁有龐大的牧場。她的家庭雖然極為富有，但她的穿著、所開的車，與她謙卑誠懇待人的態度，更讓李恕權加倍地打從心底佩服她。

凡內芮知道李恕權對音樂的執著。然而，面對那遙遠的音樂界及整個美國陌生的唱片市場，他們一點管道都沒有。他們兩個人坐在德州的鄉下，不知道下一步該如何走。突然間，她冒出了一句話：「Visualize What you are doing in 5 years？」（想像你五年後在做什麼？）

李恕權愣了一下。她轉過身來，手指著他說：「嘿！告訴我，你心目中『最希望』五年後的你在做什麼，你那個時候的生活會是什麼樣子？」

李恕權還來不及回答，她又搶著說：「別急，你先仔細想想，完全想好，確定後再說出來。」李恕權沉思了幾分鐘，開始告訴她：

「第一：五年後我希望能有一張很受歡迎的唱片在市場上發行，可以得到許多人的肯定。

第二：我要住在一個有很多很多音樂的地方，能天天與一些世界一流的樂師一起工作。」

凡內芮說；「你確定了嗎？」李恕權確定地回答，並且說了一個很長的Yessssss！於是她接著說：「好，既然你確定了，我們就把這個目標倒算回來。」

「如果第五年，你要有一張唱片在市場上發行，那麼你的第四年一定是要跟一家唱片公司簽上合約。」

「那麼你的第三年一定是要有一個完整的作品，可以拿給很多很多的唱片公司聽對不對？」

「那麼你的第二年，一定要有很棒的作品開始錄音了。」

「那麼你的第一年，就一定要把你所有要準備錄音的作品全部編曲，排練就位準備好。」

「那麼你的第六個月，就是要把那些沒有完成的作品修飾好，然後讓你自己可以逐一篩選。」

「那麼你的第一個月就是要把目前這幾首曲子完工。」

「那麼你的第一個禮拜就是要先列出一整個清單，排出哪些曲子需要修改，哪些需要完工。」

「好了，我們現在不就已經知道你下個星期一要做什麼了嗎？」凡內芮笑笑地說。

「喔，對了。你還說你五年後，要生活在一個有很多音樂的地方，然後與許多一流樂師一起忙、一起創作，對嗎？」她急忙地補充說。

「如果，你的第五年已經在與這些人一起工作，那麼你的第四年照道理應該有你自己的一個工作室或錄音室。你的第三年，可能是先跟這個圈子裡的人在一起工作。你的第二年，應該不是住在德州，而是已經住在紐約或是洛杉磯了。」

一九七七年，李恕權辭掉了令許多人羨慕的太空總署的工作，離開了休士頓，搬到洛杉磯。

說也奇怪，但大約可說是第六年。一九八三年，李恕權的唱片在亞洲開始暢銷起來，他一天二十四小時幾乎全都忙著與一些頂尖的音樂高手，日出日落地一起工作。

每當李恕權在最困惑的時候，他會靜下來問自己：「恕權，五年後你『最希望』看到你自己在做什麼？如果，你自己都不知道這個答案的話，你又知何要求別人或上帝為你做選擇或開路呢？」

## BEST 這樣想比較好

　　一個人如果不知道自己在做什麼、為了什麼而工作，那麼他就很容易失去生活的重心，也很容易失去努力的目標。你必須先找到自己對於人生的意義，才知道自己為什麼來，又要往哪裡走。

　　每個人想過的人生都不一樣，最重要的是找到一條你喜歡、也願意走一輩子的路，不要盲目地跟隨別人、不要隨便聽取別人的意見，而是要走自己想走的路、過自己想過的人生。

　　沒有目標並不可怕，可怕的是沒有找到自己的興趣與值得投入心力的方向。許多人犯的最大的錯就是投入太多自己的時間與生命在不對的事情上，最後浪費了時間、青春與自己的大好人生，還被現實生活壓得喘不過氣，犧牲了自己的時間，卻只換了點足夠養活自己的薪水。

　　然而，人生最重要的是，鼓起勇氣跟隨你的心靈與直覺，它們才知道你想成為什麼樣的人。

　　別在不對的地方投入太多你的生命，找到一件你喜歡也可以做一輩子的事情，才能夠讓你產生自信，並能在自己的領域裡發光發熱。

## ◎ 做自己喜歡也願意付出的事

　　人生最重要的是讓自己過得快樂，而快樂來自於做自己喜歡也願意付出的事，追求人生的幸福與快樂不能妥協，人生不是只有為了討生活而已，讓自己過得幸福、快樂，才是最重要的。

台積電董事長張忠謀曾說：「一個人要快樂，最重要的是要先學會主宰自己的生活。」能夠做自己喜歡的事就能快樂，能夠好好享受人生，就是一種快樂；能夠陪伴家人、陪伴自己的另一半，就是一種快樂。

有錢不能讓你更快樂，唯一能讓你快樂的就是「每一天都當最後一天來活」，每天努力生活就是一種幸福。

人生，要知道自己在做什麼，而不僅僅只是為了三餐工作，找到對於你生命有意義的事情，才能知道自己為了什麼而活著。

## ◎ 讓自己成為更好的人

人生不應該僅僅只是活著，而是讓自己的生命變得更有意義、過一個有價值的人生， 無論你選擇做什麼事，都要知道自己究竟為了什麼而做，讓人生變得更有意義，而不僅僅只是活著。

選擇讓自己成為更好的人才是對自己負責任的態度，一個嘗試錯誤的人生，不但比無所事事的人生更加榮耀，而且更有意義。當你能夠找到做一輩子也不會讓你後悔的事，就不再只是為了生活而生活，而是為了理想而生活。

## ◎ 別為了生活做一份你不喜歡的工作

為了生活，每個人都需要工作，但是重點在於這個工作是你真正想做的嗎？這是你的熱情所在嗎？別為了金錢而做一份自己不喜歡的工作。

記住，電影《白日夢冒險王》（The secret life of walter mitty）所說的：「如果你有很想要去實踐與完成的夢想，就趕緊去達成吧！別將時間浪費在一份連你自己都不喜歡的工作上，人生短暫，因此更要將時間花在自己真正認為重要的事情上。」

## ◎ 講究生活，讓自己過得更好

選擇讓自己過更好的人生表示你願意積極改善自己。

然而講究生活並不代表你要買很貴的東西來犒賞自己，而是你致力於讓自己的人生變得更好。你不必砸大錢，但你買的東西卻應該是你覺得值得買下來的，更能夠襯托你自己的。

講究生活不代表你就應該追求物質享受，而是你致力於讓自己的生活變得更好，這才是對你的人生負責的行為。

**Make you happy　維他命**

### 💡 尋找你的藝術天分！

回想過去你曾經有過的創意表現。你參加過搖滾樂團嗎？會不會寫詩？有哪件事情讓你投入到廢寢忘食的地步嗎？何不再一次拿起吉他來？這些歡樂的表現都能為你帶來快樂。

# 17 堅持不了時，你該思考的事

輸家就是因為害怕贏不了，所以連嘗試都不敢的人。

——美國演員　亞倫·艾肯（Alan Arkin）

## Case Sharing

　　我們說，堅持到底的最佳實例可能就是美國第十六任總統的亞伯拉罕·林肯（Abraham Lincoln）了。

　　生下來就一貧如洗的林肯，終其一生都在面對挫敗。他有過八次競選、八次落敗，兩次經商失敗，甚至還精神崩潰過一次。

　　好多次，他其實可以放棄，但他並沒有如此，也正因為他沒有放棄，這才成為了美國歷史上最偉大的總統之一。

　　林肯並非天下無敵，只是他從不放棄。我們來看看林肯總統進駐白宮前的簡歷：

　　一八一六年，家人被趕出了居住的地方，他必須工作以撫養他們。

　　一八一八年，母親去世。

　　一八三一年，經商失敗。

　　一八三二年，競選州議員但落選。

　　一八三二年，丟了工作，想就讀法學院，但進不去。

　　一八三三年，向朋友借錢經商，但在年底就破產了。後來，他花了十六年才把債還清。

一八三四年，再次競選州議員，選上了。

一八三五年，訂婚後，在即將結婚時未婚妻卻死了，他的心也碎了。

一八三六年，精神完全崩潰，臥病在床六個月。

一八三八年，爭取成為州議員的發言人，失敗。

一八四〇年，爭取成為選舉人，失敗。

一八四三年，參加國會大選，落選。

一八四六年，再次參加國會大選，當選，前往華盛頓特區，表現可圈可點。

一八四八年，尋求國會議員連任，失敗。

一八四九年，想在自己的州內擔任土地局長的工作，被拒絕。

一八五四年，競選美國參議員，落選。

一八五六年，在共和黨的全國代表大會上爭取副總統的提名，得票不到一百張。

一八五八年，再度競選美國參議員，再度落選。

一八六〇年，當選美國總統。

「此路艱辛而泥濘。我一隻腳滑了一下，另一隻腳也因而站不穩，但我緩口氣，告訴自己：『這不過是滑一跤，並不是死去而爬不起來。』」林肯在競選參議員落敗之後，只是這麼輕描淡寫地說。

### 這樣想比較好

無論是誰，都會有覺得自己快堅持不下去的時候，然而有些人選擇了堅持下去，有些人則是選擇了放棄。成功的人總是會在自己喜愛的領域裡

堅持下去，因為他們知道即使失敗了也沒關係，只要能從中學到一些經驗就是值得的。

舉例來說，如果你已經為人父母，當你的孩子正在學習走路時，你會給他幾次機會跌倒？

你會在他跌倒十次之後，讓他改坐輪椅嗎？

還是只給他五十次學走的機會，如果學不會走路就要他放棄？

或者當你身邊有一百個人勸你放棄時，你就會決定讓他坐輪椅？

我想你的答案都是：「不會。」

的確，若是問每一位父母，會給你的孩子幾次機會呢？他們一定都說：「我會給他無數次機會，直到他站起來，學會走路為止！」是的，一直堅持到底者，最後都會站起來。

因此，當你快堅持不下去時，想想以下的幾件事情：

## ◎ 想想支持你的人們

想想你背後的那些曾經支持你的人，他們總是希望你成功、幸福、快樂，而不是看到你放棄。永遠記住，你的背後始終有許多人支持著你，你並不孤單。

## ◎ 尋求專家或朋友的意見

試著敞開自己的心胸去詢問其他人的意見，最好是專業的諮詢師或親友，詢問他們或許能夠給你一些靈感，提醒你發現原來某個讓你感到很頭

痛的問題其實只是個小問題。

## ◎ 想想你已經完成了多少事

想想你努力到現在，已經完成了多少事情了，你已經走了一大段路了，這就證明了你正在進步、正在往前邁進，而不是原地踏步。

因為，成就大事之前總是必須先把小事做好，只有小事做好，你才能成就大事，別那麼心急。

## ◎ 事情行不通時，換個方法

大部分的人總是喜歡和錯誤的方法瞎攪和，想用原本已行不通的方法試圖做出不一樣的結果，甚至覺得時間久了結果就會改變，然而結果只是一再地令他們失望而已。

當事情行不通時，就必須改變方法，方法有千百種，而通常你不會一次就正確，而是要經過不斷地反覆嘗試，才能找出那一個讓你成功的方法。

## ◎ 好事總是多琢磨

好事總是多琢磨，通常你無法得知你要努力多久才能成功，但你所有的努力都一定不會白費。

過去你的努力程度，決定了你現在的能力水平；今天你努力的程度，也將決定你明天的能力等級。好的未來只屬於每天都努力做好準備的人。

## ◎ 重新思考最初做這件事的意義

如果你打算放棄時，先問問自己：「是什麼原因讓自己當初堅持走到了這裡？」

如果你還是打算放棄，那麼問問自己：「是什麼原因讓自己當初堅持

踏上了這條路？」

　　因為，值得追尋的夢想就不要放棄。

　　一個人失敗了，並不代表真的失敗了，只有當你放棄了，那才叫真的失敗了。最重要的事永遠都是，讓自己繼續堅持下去。

### Make you happy 維他命

💡 接觸陽光！

　　多在陽光燦爛的日子裡進行戶外活動，室內的工作則要保證光線充足，這樣做有利於你振奮精神，保持心情愉快。

# 《18 多想別人感受，更有良好溝通

所有人性的過失，都是缺乏愛的結果。

——奧地利心理學家　阿爾佛雷德·阿德勒（Alfred Adler）

## Case Sharing

　　小萱大學畢業之後，來到一家公司當秘書。由於她做事勤快、幹練，又能體諒主管的難處，因此很受上司的喜愛。而她的頂頭上司為了謀求更好的發展，不久後便跳槽去了另一家公司，不得已，公司裡換了一位新上司。

　　新來的這位王總監讓同事們議論紛紛，因為他看起來不是很隨和，新主管怎麼看都沒有原來的主管好。

　　而身為新主管的秘書，小萱並沒有參與議論，儘管她跟原來的主管關係很好。因為她很清楚，日後她要面對的是這位新主管，自己的未來全掌控在這位新主管的手中。因此，小萱認為自己要像對待原來主管那樣，站在他的立場上思考問題。

　　新官上任三把火。不久，王總監開了到任以來的初次會議，並在會議上提出了一個新企劃。新企劃較之前主管的企劃有很多出入，王總監一說出口，立刻就遭到了幾個同事的反對，大家一致認為原來主管的企劃比較合適，唯獨小萱沒有說話。

　　而王總監一句話也沒有說，默不作聲地看著大家討論。

末了，他不動聲色地說：「張秘書，你認為呢？」小萱一下子被問住了，這時，她一邊面對的是新主管，一邊面對的是與自己相處多時的同事，不管她怎麼回答，都會得罪一方。突然她腦海中閃了一些主意。

在眾人的目光之中，小萱微笑著說：「其實，不管是王總監的企劃，還是以前余經理的企劃，都是為公司的業績著想，只是出發點不同而已。」她稍微分析了王總監和以前余經理做法的不同，然後針對公司的實際情況進行說明，分析出王總監企劃的優點與可能較難實行的部分。

接著她對大家說：「作為經理的秘書，我覺得這是我的失職，我沒有向王總監交代好公司的完整情況，讓王總監瞭解公司的細部狀況，以及說明以前余經理的做法等等，這是我不夠細心的地方。」

王總監聽完小萱的這番話，臉上露出了笑容，同事們也覺得她是一個負責任的好秘書，替公司的大局著想，並沒有因此對她有負面看法。

## BEST 這樣想比較好

一個固守己見，不能理解他人的人，也很難與他人有良好的溝通與合作，更不用說是面對自己的情緒問題了。

例如在職場中，我們經常抱怨主管「機車」、「不能理解」下屬的難處等等。這種時候，我們就要反向思考一下，是不是自己也沒有考慮過主管的心情，以主管期待的做事方式來對待他，如果你欠缺這份「體貼」的心意，那麼你因此在職場上遭遇挫折，也是合理的。

不只在職場中，想和他人和諧相處，就要多想想對方的感受，人心都是肉做的，只有你多考慮對方的感受時，他才能對你付出更多的關心，這

是你來我往的事。

例如，有些下屬和主管始終存在著誤會和分歧，這種態度如果處理不當就會惡化，甚至反目成仇。

我們很容易會這樣想：「他怎麼老是那樣對我？」，其實，如果你多考慮他們的立場，就能逐漸理解彼此的分歧，特別是當你用說的表達出來，就能與對方有更好的良性溝通。

也許你會不太習慣做這樣的改變，在這裡以上司和下屬的職場關係來做說明，試著這樣做吧：

## ◎ 嘗試去理解他人的思考方式

人天生都有一種偏執心理，每個人都會捍衛自己的看法或做法，如果你當眾說他人錯了，對方當然會惱火，因而更加固執己見，甚至會不顧一切地堅持自己的看法沒錯。不是真的他的做法有多麼好或正確，而是因為此時他的自尊受到了打擊。

當你出現與對方相左的意見時，當下不要千方百計地想去辯解，而要試著先順從對方，等到對方氣消了，沒那麼激動了之後，他自然會聽聽他人的看法。

如果你能顧慮到對方的感受，給對方一個適當的台階下，那麼人際關係便能無風無雨。

## ◎ 接受他人的行事作風

不論是作為整個公司的老闆，還是作為一個部門的主管，他們都必須比一般員工承受更大的壓力、承擔更大的風險。上司也是人，他也有情緒，偶爾焦躁煩亂、大發雷霆的時候很常見。

此時，作為下屬，就要能體諒上司的難處，理解上司的情緒。

在日常的接觸中，你就要透過觀察、認識主管的行事作風，學習對方的處事方式。很多職場人不會客觀地向主管學習，是因為他們在心理上都對上司有著刻板印象，或是立場上的對立。

所以，承認上司的過人之處，並接受他的行事方式，是每個職場人都必須具備的基本態度。

## ◎ 站在他人的立場上想想

「換位思考」強調的是有同理心，這可以幫助我們有效地解決溝通上的問題。

當然，主管有主管的難處，作為下屬，不要想當然爾地覺得主管就應該要如何如何。而是以主管的角度，試著換位思考，如果你是他，你會如何解決這個問題？又該從哪方面設想？該怎樣去安排下屬的工作？

如此一來，我們就更能理解對方，明白上司的做法為何如此，對他人的決定也能更加瞭解和服從。

## ◎ 上司也需要你的贊同和認可

很多職場人，往往會自然地將自己與上司放在對立的位置上，覺得兩者互不相容。甚至，他們覺得自己處於被動地位，只有主管賞識自己的份，自己什麼都不用去反應。但是這卻忽略了一個重要問題，上司當然也需要得到下屬的贊同，特別需要來自下屬的正面支持。

這裡要注意的是，「贊同」指的並不是阿諛奉承，而是真心地認同上司的做法。在與上司的日常往來當中，從不要為了取悅他而虛偽行事，而是你需要發自內心支持對方，就能與上司之間形成良好的合作關係。

## Make you happy　維他命

### 打扮自己！

　　喜愛自己的外貌，能讓你產生由內而外的快樂。換一個新髮型、敷臉、按摩、穿著適合你的衣服，一個自信和裝扮完善的人，能贏得他人更多的尊重。

**自我測驗** ⏱ **哪一種跳脫低落情緒的方法最適合你？**

人類是一種很情緒化的動物，開心不能維持很久，遇到煩惱的事就容易情緒低落起來，雖然有些人能很快地從這樣的狀態跳脫出來，但多數人卻容易深陷其中而難以自拔。

那麼有什麼方法可以幫助我們擺脫情緒低落呢？以下的測驗能幫助你了解哪一種從低落情緒中跳脫的方法最適合你。

故事：

正在大學校園裡一隅散步的你，眼前正看到一個女孩子坐在涼椅上悠閒地看書。後來，她突然闔上書本。你覺得她為什麼要闔上書本呢？

**A.** 她覺得天色變暗了，闔上書本是要回學生宿舍。

**B.** 她覺得想睡了，闔上書本是想靠在椅子上睡一會兒。

**C.** 她想換另一本書讀。

**解答**

◯ 選「天色變暗」的人 ⋯⋯ **【自我防衛型的情緒跳脫法】**

代表你是屬於那種自我防衛較強的人，你對於未知的事物相當敏感，任何的風吹草動都會使你緊繃起來，內心對周遭人的想法與感受也相對的纖細。

一旦你察覺到自己似乎走入了危機之中，就會想盡辦法去處理它，這種時候特別能發揮出你的潛力與爆發力。就算是真的陷入了情緒低落的狀態當中，你也能夠找到適當的方式去自我調適，以求及早脫離負面情緒的漩渦裡。

建議：雖然自我防衛心較重的人，能使自己始終處於一個較安全的環境裡，但別忘了尋求周遭人的幫助，如此能使你更加無畏。

## 選「想睡」的人 ……▷ 【正面向上型的情緒跳脫法】

代表你是屬於具有正面向上性格特質的人，你的個性活潑，容易和他人打成一片，但也耳根子較軟，很容易受周遭的氣氛所感染。同時，最大的問題點應該在於，你很容易將他人不經意說出口的話放在心底，即使你表現上裝得不在乎。

當你覺得情緒低落時，不妨藉由和朋友一起運動或娛樂來改變心情，生活環境裡會讓你感到憂鬱的事情不多，因此，你只需要在情緒低落的時候讓自己轉移注意力。只要這樣簡單的發洩一下，就能讓你輕鬆地脫離負面情緒，回到情緒的常軌。

## 選「另一本書讀」的人 ……▷ 【自我成長型的情緒跳脫法】

代表你是屬於那種具有上進心，相當積極的人，你具有很強的自我成長的欲望。因為性格關係，你做任何事情都能抓到重點，並致力於使事情做到最完善。

因此，當你因一些生活上的煩惱而感到憂鬱不安時，這種時候，不需要擔心你會陷入到負面情緒當中，而是需要擔心是否能找一位你足夠欽佩或尊重的人來開導你。在經過你崇拜的對象的一番開導和刺激之後，你就不會被一點小小的挫折擊倒，又能重新滿懷自信的站起來。

# Learning Quotient

**19** 很多事情，其實並不複雜

**20** 學習商數助你提升處事態度

**21** 別人失意時，別提自己得意事

**22** 你控制不了情緒和欲望嗎？

**23** 正向心理助你一臂之力

**24** 接觸新事物，才有成長的空間

自我測驗 你的學習傾向如何呢？

LQ

# 學習商數

茁壯，才能找到通往對立面的路

## LQ
### Learning Quotient

# 19 很多事情，其實並不複雜

人生苦短。切勿著急，切莫煩憂，何妨一路駐足品味花香。

——美國高球選手　沃特・黑根（Walter Hagen）

## Case Sharing

一位憂心忡忡的母親來到了某所高中的心理諮商輔導室。

「我很痛苦。」她開始訴苦，「我兒子沈迷於網路遊戲，對念書一點興趣都沒有，成績不好，數學考卷也錯得很離譜。他開始變壞，對我的話不當一回事，只要我說他一句，他就會甩門進房間⋯⋯我實在不知道該怎麼去面對這個孩子⋯⋯」

聽完了這位傷心透頂的母親的心裡話，輔導老師拿出了一些題目請她作答：

（　）第一題：「如果您現在產期臨近，您希望您的孩子」：

　　（1）以後會長成俊男美女，不過出生時臍帶繞頸，或許會有生命危險。

　　（2）日後長相一般，不過生產過程相當順利。

（　）第二題：「如果您生下的這個孩子長到了十歲，您又必須面臨兩種選擇」：

　　（1）成績非常好，許多孩子都望塵莫及，不過有一天這個孩子和家人走失，再也無法找回。

　　（2）課業一塌糊塗，喜歡頂嘴，愛耍性子，不過不挑食，身體很健

康。

**（三）第三題：「如果這個孩子長到了成年，您又不得不做一次選擇」：**

（1）孩子博士畢業，不過定居於國外工作，一年到頭難以見上父母一面。

（2）畢業於普通大學，不過每天和母親鬥嘴，吃母親燒的菜。

很快地，這位母親都選擇了後者。

但是她仍然有疑惑：「老師，你為什麼不能有一個選項是聰明、健康、又很乖的孩子呢？」

老師回道：「那樣的孩子不是你的孩子，頂多是你理想中的子女模樣，如今第二個選項的這個孩子才是你的真實狀況啊。」

這位母親似有所悟，離開之前，她詢問接下來該怎麼做。老師便交代了一個作業給她，讓她回去之後，寫下兒子的八個優點，下次來時繳交。

第二次來訪，這位母親描述給老師聽的兒子是這樣的：「他的籃球打得很好；他吃飯從來不挑食；他會幫忙提重物；他的字跡非常工整；他幾乎不生病；他會照顧弟妹：他很受朋友歡迎……」

如此描述之後，原本這位母親的苦惱神色開始漸漸消失了。

她疑惑地說：「我才來幾天而已，為什麼我兒子就好像判若兩人了呢？」

老師笑著回答：「因為你學會了讓步，你學會了看他的好，每一個孩子都有他們可愛的地方，你何不運用他表現好的部分來試著約束他的課業呢？例如，如果他的數學成績進步，就買給他喜愛球星的球衣當作獎勵？鼓勵他得到球衣和朋友去打籃球，那麼『挑戰數學』不就能變成一件很讓人期待的事嗎？」

這樣想比較好

很多事情，其實並不複雜。只不過是由於生活在社會中的人的思想太複雜了，是這些複雜的人將這些簡單的事情複雜化了。要想得到一種內心的坦然和快樂，就得從現在開始，做一個簡單的人，率性而為，永遠保持一份純真、一顆童心。

「簡單」，其實是做人的一種境界。正如冰心所言：「如果你簡單，那麼這個世界也就簡單。」其實，世界本來是簡單的，只是人心過於複雜了而已。世界本來是簡單的，它之所以會顯得複雜，主要是讓人們琢磨複雜了，折騰複雜了。人與人之間的關係本來是很簡單的，可是，由於某些利益關係讓彼此之間產生了隔閡。

在現實的世界中，人與人之間不能敞開交流，而是互相設防、互相猜忌、互相爭鬥。

於是，彼此之間為了戰勝對方，紛紛千方百計地編織各式各樣的關係網，在這樣的狀態下，誰能不累？誰又能不煩呢？然而，多數的事情，其實都不如你想像得那樣複雜，我們應當多方學習，才能找到通往對立面的路。

Medicine 處方籤

◎ 別太在乎他人的評價

在現實生活中，一個人不管你做事還是不做事，也不管你多做事還是少做事，也不管你做什麼事，都很容易招來人家的議論和評價，這些評價

往往有很大差別，甚至截然相反，你不需要過度放在心上。

　　重點在於，我們一方面應該多聽聽別人的意見，但另一方面不要太看重別人的評價。

## ◎ 向信任的人吐露心事

　　將心中的害怕、擔憂坦率地說出來，能讓自己慢慢地感到踏實。向那些願意傾聽並且真心實意提供幫助的人吐露你心中的秘密，如果羞於啟齒，也可以寫寫mail。

## ◎ 善於忘記

　　記憶是大腦的一項重要功能，但忘記也是大腦的一項非常寶貴的功能。如果沒有忘記，天長地久，我們的大腦將不堪重負。

　　我們可以肯定地說：忘記並不是壞事，它本身就是人生來就具有的自我保護機制。調控情緒應該充分利用這種保護機制，就像清理房間或抽屜一樣，要及時處理掉「心理垃圾」。

## ◎ 運用想像放鬆法

　　助人放鬆的方法有很多，可以使人從緊張、抑鬱、焦慮等不良的情緒中解脫出來。在此介紹一種想像放鬆法，其要領有兩個：一是在整個放鬆過程中始終保持深慢而均勻的呼吸；二是要能體驗到，隨著想像有一股暖流在身體內流動。

　　現在請將四肢伸展躺平，使其有舒適的感覺，同時閉上眼睛並配合深慢而均勻的呼吸，認真地想像和放鬆。

## ◎ 享受當下的美好

　　未雨綢繆是一種人生智慧，但是過多地為不可預期的未來而擔心，則

是一種無謂的杞人憂天。

在現實生活中有很多人就像是跑在滾輪上的寵物鼠一樣，一刻都不得閒。他們往往將明天、後天，甚至近年內的計畫都排得滿滿的，每天的行程就是跑完預定的事項。

因此，總是無暇顧及身邊的親友與美景，也淡忘了自己的夢想和目標，甚至想不起上次做自己喜歡的事情是什麼時候了。別總為忙碌的生活擔憂，請記得享受當下的美好。

## Make you happy 維他命

### 從趣味的一面看事情！

塞利格曼博士說：「幽默就像撒在肉上的鹽，能帶出美味。」試試看，以微笑面對人生中的各種荒謬情況。當你在報章雜誌或電視上看到好笑的事情時，不妨也開懷大笑吧。

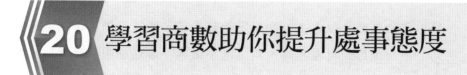

# 20 學習商數助你提升處事態度

遭受別人批評時，先問自心是否無愧？無愧則心安。

——靜思語

## Case Sharing

　　大衛大學畢業之後，一直在一家會計公司上班，到現在也有六年多了。在這六年裡，大衛一直都是少說話多做事的員工，和誰都不多說話，別人聊天時說的八卦他也覺得和自己沒有關係。有時候，即使是誰在背後說了對他不利的話，他也不計較，因為他相信只要自己做好工作，認真為公司工作，主管都會看在眼裡的，也就不會虧待他了。

　　但大衛想不到的事情還是發生了。

　　那天，大衛正在做公司分配下來的新case，他做得很認真、很仔細。突然，他的頂頭上司林協理怒氣沖沖地走進來，走到他面前，然後「啪」的一聲就將手中的文件扔在大衛的桌上，大聲說道：「大衛，你來公司也不是一天兩天的事了，這是你做的檔案嗎？錯誤百出！怎麼連這麼基本的事情都做成這樣！真是太誇張了！」

　　原本正專心在工作上的大衛，被這突如其來的怒吼一下子嚇呆了。他拿起文件看了看，發現上面雖然簽著自己的名字，但是卻不是他做的。於是，大衛心平氣和地對他說：「林協理，您可能是搞錯了，這不是我做的，雖然上面寫的是我的名字……」林協理一聽，更是火冒三丈地對大衛

怒吼：「這不是你做的？但是上面卻簽著你的名字，難道我們公司還有兩個王大衛嗎？不知道你們現在年輕人到底怎麼回事，都這麼明顯了還要推卸責任！」

林協理的這些話讓大衛很生氣，他覺得自己在公司辛辛苦苦這麼多年，沒有功勞也有苦勞，別說這文件不是自己做的，就算真是他自己做的，林協理也應該低調一點吧，不至於要發這麼大的火啊！更何況還當著辦公室這麼多人的面，好歹他也是老員工了，連最起碼的尊重也沒給他。

「你怎麼給我個解釋？不是你做的，上面卻有你的簽名？」林協理問。

大衛雖然已經生氣了，但是他仍然忍下怒火，不卑不亢地對林協理說：「經理，我想您可能真的搞錯了，我自己做的東西，我心裡有數。您是主管，我做錯讓我認錯是應該的，但是我不能把不是我的錯往自己身上攬啊，我想請林協理，您還是先把事情調查清楚再說吧！」

聽完大衛的話，林協理一時反倒冷靜了，說道：「你先忙吧，我回去調查調查再說！」等林協理走後，大衛深呼吸了一下，就繼續工作了。

過了幾天，林協理的秘書Sandy將大衛請去了經理辦公室。這下，辦公室裡的同事們開始議論紛紛起來：「大衛也真敢啊，仗著自己是老鳥，現在連林協理也不放在眼裡了。」、「是啊，看他還能囂張到什麼時候！」

一個小時之後，林協理和大衛一前一後地回到了辦公室，林協理並宣佈：「大衛下個月將調到分公司去擔任主任職務。」辦公室的同事一片譁然。

原來，林協理前幾天的舉動，完全是為了考驗大衛的應變能力，看看他在面對「兇狠」的對手時是否能做到不卑不亢、無損公司形象的處事態度。因為他早就想把大衛調到分公司擔任主管了，但是當主管最需要的是

極快的應變能力，以及與其他公司談判時的沉穩態度。而這幾年來大衛給他的印象就是工作踏實、個性沉穩，只是不曉得他在碰到較強硬的對手時，是否能冷靜依舊。所以，他便想出了一個「假戲碼」，而事實證明，林協理的確沒看錯人。

## BEST 這樣想比較好

大衛的case證明了我們做人的一個大原則，那就是在職場上當上司發火時，千萬不要和他直接硬碰硬，對上司還是應該有基本尊重。我們身為員工，應該要認同上司一般都有強過我們的地方，不管是經驗豐富，還是才能超群，對上司都要做到最基本的禮貌與謙遜，我們也能從其身上學習到不少事物。

在這裡要談的是學習商數（Learning Quotient，LQ），LQ是指一個人不斷在外界環境中獲得認知，或者透過邏輯思考獲得經驗的能力。例如，孔夫子的LQ就非常高，因為他認為「三人行必有我師焉」，同時「學而時習之，不亦說乎」。

由此可知LQ在古代就已經相當被重視，在現今社會，LQ更是衡量一個人是否具有成功潛質和發展前景的重要指標之一。

而在商業合作當中，有時候挑選一個合作者會重視一個人有沒有一顆願意去學習的心。而在人生的學習中，可分為四個階段：

1.第一個學習階段：不懂，卻自以為懂。

2.第二個學習階段：看到自己的缺點，知道該下功夫學習了。

3.第三個學習階段：知道自己在某些方面是可以的。

4.第四個階段：道行高深到一個地步，不自覺中所做的也都是對的。

當人在一個環境中久了，就會習慣於墨守成規，有時候並沒有什麼限制，但是我們就是會習慣按照一種方式做事。而一個LQ很高的人，就會是一個不斷創新且充滿著活力的人。

再厲害的人，如果到了不能接受外在影響的地步，恐怕也只是如此了，不會再進步，對於他人的正面影響力也就微乎其微了。而LQ很低，甚至根本不願意學習的人，大多是因為不想改變自己，雖然對自己不變的現狀感到不滿，卻又無力、甚至沒有動力去改變，因為所有的改變都會面臨到風險。在這裡以職場現象作為說明：

## ◎ 學習面對批評時，先冷靜

在職場中，這是經常發生的事情，自己苦心做的成果遭到上司的無情批評或謾罵，這的確是一件令人不開心的事。然而當面對這種情形時，職場人要做的是，不要將不滿的情緒全寫在臉上，而是要讓批評你工作成果的上司知道，你已經明白了他的意思。

此時的態度務必不卑不亢，如果狀態上你還可以說上幾句話的話，就清楚地說明你的原因，並表示希望上司指引你修正的方向，如此的表現才能展現出你的風度、滿足上司的領導欲，讓事情有更好的發展。

## ◎ 學習將「主動談話」變成習慣

作為下屬，不妨試試主動跟上司交談，除了可以當成你的「練習」之外，也能使部屬關係更為融洽。很多人都會認為沒事找上司說話，這肯定有「巴結」上司之意，但其實這跟「巴結」是很難相提並論的。

因為在人際關係當中，工作上的討論和打招呼是不可少的，主動與上司談話可以讓你消除對上司的恐懼感，發現對方並不如想像中的可怕或難相處，這對你以後的工作彙報與正常的職場社交能有非常大的幫助，也能使你在任何人面前都能帶有自信地侃侃而談。

## ◎ 學習被人誤解時，先淡定再說明

每個人都有被誤解的時候，當然在職場上這是很容易發生的事情。如果不幸讓你碰上了被誤會的時候，雖然很難，但你要先學會淡定，學會先忍下怒氣的沉默，學會分析這樣的批評與誤解究竟從何而來。

若受到上司的誤解時，要先從自己身上找原因，以自己的缺點來確認主管的批評是否為真。如此，至少你能先換得冷靜的心，避免直接與上司爭執起來。接著，根據對方提出的問題點，好好地說明自己的想法，無論上司接受你的說辭與否，你都已經為自己發聲了，聰明的上司會知道他該怎麼處理。

**Make you happy 維他命**

### 多喝水！

當氣溫超過35℃時，出汗較多，致使血液黏稠度升高，也會引起人煩躁不安的情緒，此時多喝水可以起到讓血液稀釋的作用，讓心情平和下來。

# 21 別人失意時，別提自己得意事

世事大多是退讓一步也無妨的。

——日本國際政治活動家　新渡户稻造（Nitobe Inazo）

## Case Sharing

　　小翰的頂頭上司志哥是一個經歷坎坷的人，他之所以會來到這間公司，是因為半年前他因為經營不善，不得已將自己的公司結束。而妻子也因為不堪現在負債的壓力，最近與他談離婚，同一段時間面對到內憂外患，他非常難受。

　　辦公室的同事們都知道主管的遭遇，因此大家都避免談論有關婚姻或金錢的事，即使有特別開心的事發生，也會私下裡聊，不會當著志哥的面說。小翰對主管的遭遇也有所聞，也會特別注意自己的言論，但是同事書平卻在無意間做了惹人厭的事。

　　耶誕節前夕，公司聚餐，小翰所在的部門早早就來到了飯店，大家都興高采烈，小翰所在的部門都坐在同一張餐桌上，幾杯酒下肚後，書平就開始話變多了。他在這一兩年間玩股票，選在最佳時機脫手之後，竟然賺到了一筆鉅款，成了名副其實的「暴發戶」。

　　書平在同事們面前，拿出手機介紹他信義區的豪宅、名貴的進口車，以及無數美女朋友的照片，那種得意的神情，讓每個人看了都不舒服。而正處於失意中的志哥低頭不語，臉色非常難看，一會兒去上廁所，一會兒

去點菜，後來找了個藉口就提前離開了。

　　從那以後，書平就經常遭到主管的漠視，最後不堪這樣無形的壓力，也就毅然離開了公司。

這樣想比較好

　　當面對失意的人時，即使我們不能良言給予安慰，也要避免在人家傷口上灑鹽。也就是說不要在失意人面前談論你的得意之事。

　　而書平正是犯了這樣的大錯，在上司失意時大聊自己的得意事，即使是一般人，在聽到你這樣炫耀自己的成就時也會覺得不太舒服，更何況是在失意的人面前，這樣的處境會使他痛上加痛。

　　古詩云：「人生得意需盡歡。」在我們獲得好處或成就時，不得意似乎不太容易，因為你很容易就會表現出意氣風發的樣子。

　　但是當你在談論你的成功時，一定要看場合和對象，你可以跟你的家人說，可以跟你的好朋友說，接受他們給你的稱讚和祝賀，但就是不需要在失意的主管面前說。正因職場上一個失意的上司是最脆弱的，也最多心的，你的得意在他面前充滿了諷刺，讓上司覺得你看不起他，如果讓上司產生這樣的想法，那你的日子也不會太好過，更別說對方願意再傳授你什麼事了。

　　對此，我們總結出以下幾點職場上的建議，供讀者朋友們參考：

### ◎ 學習表現出自己的謙虛，但不過度

我們在與人交談時，不要賣弄自己的成就，也許你是想讓別人知道你的某些成就，進而去認同你是個人才，但如果正巧碰到心胸較狹小的人，那只會讓別人覺得你好表現、好誇耀罷了。

除了注意別說太多自己的「好事」之外，你還需要表現出你的謙遜態度，這樣才能適當地保全對方的尊嚴。

### ◎ 學習面對失意的人，別打哈哈

當職場人與主管必須溝通時，面對已知上司的失意，下屬當然需要嚴肅以待。切不可在上司失意時，你卻刻意表現出輕鬆的樣子，讓主管覺得你不夠正經，這種時候不適合用打哈哈、幽默的方式面對。

對於上司的遭遇，我們不需要特別表現出感同身受的樣子，只要正經且認真地與其相處，讓對方心裡有踏實感即可。

### ◎ 如果可以，聽聽對方的訴苦

上司身居要職，公司裡或者部門裡的大小事都要顧及到，而人生失意事在所難免，作為下屬，要能試著理解主管的難處。面對主管的失意，不要覺得不關己事，也不要過度輕鬆，你可以適當地慰問幾句或是安靜的傾聽，這不僅可以調適主管的情緒，還能調節工作氣氛，改善彼此的關係。

每一個失意的人都會希望有一個人可聽他訴苦，所以，在他人失意時，我們不妨使一使「小心機」，當一個忠實的聽眾，將他當成朋友那般地安慰，表示你與他感同身受，可以聽他訴苦，這是最明智的做法。

## ◎ 學習換位思考，你就能懂

要如何以我們能理解的方式來看待他人的失意呢？那就是「換位思考」。我們才能更貼近地瞭解人性的脆弱，進而去理解、去感同身受。

例如，上司因為沒在升遷名單之中而沮喪。這種時候，我們就要懂得，想謀求高位是人的本性，每個人都有想成長的期望，當我們處在主管的立場時，就能理解這樣的落寞是多正常的了。

又例如，上司因為下屬的不斷失誤而發怒時，如果我們能換位思考的話，就會發現，要是發生在自己身上，說不定自己的情緒還會更加hold不住，也就能理解他的心情了。

無論在職場中，還是生活中，只有我們透過換位思考，才能擁有更加體貼人的心意，並能逐漸去理解、學習原本無法理解的人事物。

## Make you happy 維他命

### 行動起來！

如果你能找到抑制你憂慮的原因，例如：在最後限期前完成工作，那麼，就立刻去做。也可以將你的憂慮使你受到傷害的情況告訴好友，接著立即行動，就能較快速地從痛苦的情緒中掙脫出來。

# 22 你控制不了情緒和欲望嗎？

培養閱讀的習慣，等於為自己建造一個避風港，逃離人生所有的苦難。

——英國小說家 毛姆（W. Somerset Maugham）

## Case Sharing

美國船王哈利曾對兒子小哈利說：「等你到了二十三歲，我就將公司的財政大權交給你。」沒想到，兒子二十三歲生日這天，老哈利卻將兒子帶進了賭場。

老哈利給了小哈利兩千美元，讓小哈利熟悉牌桌上的伎倆，並告訴他，無論如何不能把錢輸光。小哈利連連點頭，老哈利還是不放心，反覆叮囑兒子，最後一定要剩下五百美元。

小哈利拍著胸脯答應了，然而，年輕的小哈利很快便殺紅了眼，把父親的話忘了一乾二淨，最終輸得一毛不剩。走出賭場時，小哈利十分沮喪，說他本以為最後那兩把能賺回來，因為那時他手上的牌正在開始好轉，沒想到卻輸得更慘。

老哈利說，你必須要再進賭場，不過本錢我不能再給你，需要你自己去賺。於是，小哈利用了一個月時間去打工，賺到了七百美元。當他再次走進賭場時，他給自己訂下了規矩：只能輸掉一半的錢，到了只剩一半時，他一定要離開牌桌。

然而，小哈利又一次地失敗了。當他輸掉一半的錢時，腳下就像被釘了釘子一樣無法動彈，他沒能堅守住自己的原則，再次把錢全都壓了上去，最後還是輸個精光。老哈利則在一旁看著，一言不發。

走出賭場，小哈利對父親說，他再也不想進賭場了，因為他的好勝心只會讓他把最後一分錢都輸光，他註定是個輸家。

誰知老哈利卻不以為然，他堅持要小哈利再進賭場。老哈利說，賭場是世界上博弈最激烈、最無情、最殘酷的地方，人生亦如賭場，你怎麼能不繼續呢？

小哈利只好再去打工，他第三次走進賭場，已經是半年以後的事了。這一次，他的運氣還是不好，又是一場輸局。但他記住了以往的教訓，冷靜了許多，沉穩了許多，當錢已經輸到一半時，他毅然決然地走出了賭場，雖然他還是輸掉了一半，但在心裡，他卻有了一種贏的感覺，因為這一次，他戰勝了他自己。

老哈利看出了兒子的喜悅，他對兒子說：「你以為你走進賭場，是為了贏誰？你是要先贏你自己！控制住你自己，你才能當真正的贏家！」

從此以後，小哈利每次走進賭場，都給自己訂立一個界線，在輸掉10%時，他一定會退出牌桌。往後，熟悉了賭場的小哈利竟然開始贏了——他不但保住了本錢，而且還贏了幾百美元。

此時，站在一旁的父親警告他，現在應該馬上離開賭桌。但是第一次這麼順風順水，小哈利哪裡捨得走，幾把下來，他果然又贏了一些錢，眼看著手上的錢就要翻倍——這可是他從沒有遇到過的場面，小哈利無比興奮。

誰知，就在此時，形勢又急轉直下，幾個對手大大增加了賭注，只兩把，小哈利又輸得精光。從天堂瞬間跌落地獄的小哈利嚇出了一身冷汗，他這才想起父親的忠告。如果剛才他能聽從父親的話離開，他將會是一個

贏家，可惜，他錯過了贏的機會，又做了一次輸家。

一年以後，老哈利再去賭場時，小哈利儼然已經成了一個有模有樣的老手，輸贏都控制在10%以內。不管輸到10%，或者贏到10%，他都會堅決離場，即使在最順的時候，他也不會糾纏。

老哈利激動不已，因為他知道，在這個世上能在贏時退場的人，才是真正的贏家。老哈利毅然決定，要將上百億的公司財政大權交給小哈利。聽到這突然的任命，小哈利倍感吃驚：「我還不懂得公司的業務。」

老哈利卻一臉輕鬆地說：「業務不過是小事。世上多少人失敗，不是因為不懂業務，而是控制不了自己的情緒和欲望。」

## BEST 這樣想比較好

當我們還在為別人一句話生氣時，是自己的修為不夠；當我們還在為一件小事過於據理力爭時，是自己不夠淡定；當我們還在看不慣誰誰誰的行為時，是自己的內心還不夠強大。

法國作家巴爾扎克（Honore de Balzac）說：「欲望是支配生命的力和動機，是幻想的刺激，是行動的意義。」欲望具有兩面，它是天底下最厲害的東西，既能使人進步，也能使人墮落。

你不想占有，你的囊中就是空的，但你身輕如燕；你若占有了，身心會受到擠壓，就得付出代價。「欲」字與「火」字常連在一起，表明兩者有著相似的態勢與瘋狂，控制不好，就將毀掉一切。你想，人為什麼不能控制自己？如果連自己都控制不了了，那還能控制什麼？

　　隨著年齡增長，我們的欲望也在膨脹，而欲望越大，我們的煩惱就會越多。如果我們能學會感恩，學會控制，學會轉向，那就是一種好的「欲望」。

## ◎ 情緒一定要處理

　　哲學家說得好：「人不應追求世間享樂，應追求高尚的快樂。」那麼何謂「世間的享樂」呢？

　　情緒是衝突的主要因素。假若你在處理高難度對話的同時，又想要避開情緒問題，那麼這就很像看歌劇時卻沒有音樂一樣，雖然你還是可以瞭解劇情，但卻抓不住重點。

　　短期來看，進行高難度對話的時候如果避開情緒的部分，或許可以節省時間並降低焦慮。但是問題的根本還在：既然情緒才是關鍵，如果避開而不處理情緒，那就是一種錯誤的做法，你務必要先處理情緒。

## ◎ 「談情緒」的能力要培養

　　身為人，我們最大的挑戰之一就是要瞭解情緒、談論情緒、管理情緒。雖然處理情緒很難，而且還有風險，但大多數人在「談情緒」的對話技巧上，都有進步的空間。或許你不太相信，可是「談情緒」的技巧真的是可以練出來的，你要學習去了解和訴說你的情緒。

## ◎ 讓學習持續豐盈心靈，轉移情緒

　　許多人習慣將所有事都與個人利益掛上鉤，將所有的工作都建立在有

利可圖的前提之上。但是要記得，人與人之間的關係並不僅僅只有金錢關係，人與人之間的情感也不可能完全以經濟上的利益來衡量。當你把金錢看得格外重要的時候，你往往也就失去了人與人之間最純粹的情感。

當我們始終關注於生活中瑣碎且煩亂的小事時，心胸就難免會狹窄起來；但如果我們不斷地拓寬自己的視野，你就能發現，原來世界是如此之大，我們不明瞭的事還有很多，便會覺得自己對於小事的斤斤計較是多麼地無聊且毫無意義。

因此，當你耿耿於懷於一些小事的時候，不妨將時間花在學習一些新的知識上，可以是語言、文化、藝術，甚至是政治、經濟方面。當你將時間與精力都用於學習之上時，你就能感受到當自己的見識廣了，自然就不會再「放眼」在瑣事上了。

## ◎ 克服懶散，要列計劃

人在情緒低落時往往什麼事都不想做，老是處於被動狀態，越發沒精神。你不妨將每天要做的事列出計劃，有了行動的念頭，就有可能促使自己做下去。把時間排滿，會使自己變得充實，更能從低落的情緒裡走出來。

---

### Make you happy 維他命

#### 集中工作！

一旦潛心事業，把精力集中到工作上，便能使人忘記憂傷和愁苦。甲狀腺機能失調和服用某些藥物也會引發情緒低落，如是這種情況則需要看醫生。

---

# 23 正向心理助你一臂之力

充滿快樂的心看什麼都愉悅，充滿憂愁的心則看什麼都陰黯。

——德國宗教改革家　馬丁・路德（Martin Luther）

## Case Sharing

「不管你覺得自己有多麼不幸，這世界上總會有人比你更加不幸，不管你覺得自己有多麼了不起，這世界上總會有人比你更加了不起。」世界著名的激勵大師約翰・庫提斯（John Coutis）如此說。

庫提斯生於澳洲，出生時嚴重畸形，只有一個可樂罐大小，脊椎斷裂，下半身沒有發育，雙腿細小而萎縮，內臟器官排列不正常，而且沒有肛門，醫生曾斷定活不過一天，但他靠堅強的意志力活下來，直到現在。

庫提斯曾說過這樣的話：「如果你總是抱怨沒有好鞋子，那麼就想想那些連腳都沒有的人吧！有誰願意和我交換？假使我有全世界的財富，我都願意和你交換。」

當現代物質繁榮的程度不斷地向上提升時，似乎我們心情鬱卒的程度也隨之提高了。我們這一代活在地球上的人，雖比祖先富裕，但卻沒有因此活得更快樂。

正向心理學的泰斗米哈里曾問了個答案複雜的簡單問題：「既然我們這麼富有，為何卻快樂不起來？」

一般人都認為要先能滿足基本的物質需要，才能享受快樂。然而現代

人相較之下已多半更能滿足基本生活需要了，但卻更難找出讓自己更快樂的理由，你是否也覺得弔詭呢？

## BEST 這樣想比較好

　　時至今日，快樂占據了報紙版面，促成書籍熱銷，鼓舞科學界從事相關研究，各類心理療程和「快樂學」（joyology）工作坊紛紛成立，有如雨後春筍一般。

　　心理學博士塔爾・班夏哈（Tal Ben-Shahar）在哈佛大學開設的「正向心理學」與「領導心理學」課程曾分別獲選「最受歡迎課程」的第一名與第三名，每學期選修人數高達了一千四百人，超過學生總數的四分之一。

　　許多學生向學校反應，這兩門課「改變了他們的一生」。數以千計的學生證實，只要用對方法，任何人都可以透過正向心理的引導，一步步提升自己的快樂指數。

　　「快樂」如此火紅的原因何在？就像發展快速的「正向心理學」所顯示的：人一快樂，就會更具有創意和生產力，賺的錢更多，更能廣結善緣，享有更好的婚姻，而且活得更健康，甚至比慣於怨天尤人者更長壽，如此的「快樂」不吸引人嗎？

　　然而有人以為「正向思考」就是「盲目樂觀」，其實兩者完全不同。盲目樂觀是掩蓋事實，以為不去想，危機就不會發生；而正向思考則是在停止焦慮不安的同時，還有積極的行動力，最後不但把負面情緒驅逐出

境，還達成了想要追求的美好結果。

記住，一個幸福的人，必須要有一個明確的、可以帶來快樂和意義的目標，然後努力地去追求。真正快樂的人，會在自己覺得有意義的生活方式裡，享受它的點點滴滴。

## ◎ 幸福感與收入並無太大關連

世界上最貧窮的人的幸福感和生活滿意度如何呢？調查表明，最貧窮的人生活幸福感並不是特別差，他們的幸福感與中等收入的人只是稍微低一些。

此證明了貧窮不必然使人精神上痛苦，貧窮更是一種社會病，是就業、教育和經濟發展不平衡所導致的，與心理不健康關係不大。

「你如何看待金錢」比金錢本身更加影響你的幸福，一個對於金錢特別看重的人會對收入有較少的滿意度，對於生活的總體滿意也就相對低一些。

雖然總體上說國民經濟總產值與幸福感正相關，人均收入越多，人們越幸福。但是，當人均總產值超過八千美元的時候，幸福感與經濟的相關就不存在了。

例如，富有的瑞典人比保加利亞人幸福，但是，如果是一個人生活在美國或者是義大利，則與瑞典人在幸福感上沒有什麼實質性區別。

尤其是財富的增加，與幸福只有低相關。富有的人只比普通人感覺更幸福一點。最近的半個世紀，發達國家的人均收入增加很多，但幸福感卻

只增加了一些。而且，只有最近的一次收入增加可以增加幸福感，一般意義上的收入增加，都不會增加人的幸福。

## ◎ 人性會對於好的事情感到適應

人性中對於好運氣和成功具有心理適應性，也就是說，當好事發生之後，人們會很快地適應它，並認為這個好事是合理的，沒有什麼值得珍惜的。例如，沒有錢時，你會認為有錢和富有是多麼令人幸福的事情，但是當你有了錢後，你不僅不會長期覺得幸福，反而會激發了更多的欲望，希望擁有更多的錢。

而事業成功也是一樣，如果你事業成功，你會為自己訂下一個更高的目標，你並不會長期地駐足於幸福，而是催生了更大的野心。所以財富與成功都不會令人永保幸福。

## ◎ 別忽視意念的力量

意念的影響究竟有多大？美國科學家曾對人的心念所產生的力量做了一個實驗研究，他們將心念的力量用公式表達：「心的力量」等於「n」的平方乘以一百，n 代表人數。

假設有一個人的念頭非常混亂，充滿了焦慮，會影響多少人？

依照這個公式，一的平方乘以一百，週遭就會有一百人受到他的影響，若是兩個人呢？二的平方乘以一百，就會影響到四百個人。

因此，如果有兩個人懷著不好的念頭，周圍就有四百個人會受到壞念頭的影響，反之，兩個人有善的念頭，也會影響四百個人因而產生善的念頭，就如同「蝴蝶效應」（The Butterfly Effect），蝴蝶效應在心理學方面的應用是指一件表面上看來毫無關係、非常微小的事情，卻可能帶來巨大的改變。此效應說明事物發展的結果，對初始條件具有極為敏感的依賴

性，初始條件的極小偏差，將會引起結果的極大差異。

物理學家已證明，如果高雄地區有一隻小蝴蝶，牠的翅膀振動一下，連遠在南美洲的亞馬遜河熱帶雨林都會受到影響。我們不要小看一隻小蝴蝶的翅膀鼓動的力量，雖是那麼微弱，但是更多的小蝴蝶翅膀鼓動起來，所產生的力量卻是超乎我們想像之外的，而人的力量更是如此。

正因為意念的影響深遠，因此時時心存善念是很重要的，善的念頭就是正向思考，在我們的生活中，挫折是必經的過程，唯有正向思考才能夠越挫越勇，不斷累積正面的能量。

正向思考可以帶動正面能量，不要因為挫折而自怨自艾，讓負面情緒一直圍繞著自己，因為怨天尤人並不能解決問題，要知道成功者總在挫折中找方法，而失敗者則是不斷地找藉口。

## Make you happy 維他命

### 方式正確就快樂！

吵架不一定不好，「正確的吵架」甚至比不吵架好；用金錢買快樂不一定不好，只要你花錢花得「聰明」；遭遇挫折不一定不好，如果你有能力「找到對的方法」去解決，你就能快樂。

# 24 接觸新事物，才有成長的空間

所謂改變，就是未來逐步滲入我們的生活。

——美國作家　阿爾文・托夫勒（Alvin Toffler）

## Case Sharing

　　農夫飼養的驢子不小心掉進一口枯井裡，但是井底都是爛泥巴，所以驢子並沒有受傷。

　　不過，突然掉進一個黑暗與狹窄的空間，這讓驢子驚嚇得嚎啕不已。農夫眼看無計可施，又想到驢子年紀大了，將來沒有什麼用途，不值得花大錢再請人用吊車將牠救出，於是決定放棄救援。同時，為了避免以後再有其他牲畜掉進井裡，他決定把這口枯乾的井封住。

　　於是他拿起了鏟子，一鏟土、一鏟土地開始往井裡填。井底的驢子發現大量泥土從天而降，重重地落在身上，牠開始意識到危機臨頭，自己即將被活埋，開始悽慘地哭嚎起來。

　　農夫聽了雖然心酸，卻仍咬緊牙關繼續鏟土，過一會兒，驢子的哀嚎聲消失了。農夫好奇地探頭往井裡看，大吃一驚，因為他看到驢子的頭竟然已經離井口不遠。原來，每當鏟進井裡的泥土落入時，驢子就立刻將泥土抖落一旁，然後自己站到泥土堆上。

　　就這樣，原本要將活埋驢子的泥土越堆越高，牠就隨之升高，離井口越來越近，最後在農夫的驚呼之中跳出井外。

所謂的「舒適圈理論」（Comfort zone），意思是形容我們每個人都生活在一個習慣的圈子裡，這圈子裡有我們再熟悉不過的環境，有認識的人、做自己本來就會做的事，所以我們覺得很輕鬆、生活很無害。

但是如果我們踏出這個圈子，就必須要面對不熟悉的人事物，例如認識新朋友、轉行、出國留學等等，就會因為不熟悉而覺得擔心害怕，於是就會想再回到舒適圈裡，這就說明了很多時候，為什麼我們會說「不要」，而不是說「好」。

然而有意義的目標，是克服苦難與壓力的能力之源。

驢子的故事告訴我們，脫離舒適圈雖然很辛苦，但如果不刻意勉強自己跨出腳步，讓自己有機會克服不同挫折與挑戰，進步就會很緩慢，也無從發揮潛力，獲得成長的空間。

如果我們把那些天天落在自己身上的「泥土」，包括工作壓力、競爭壓力、人際壓力、財務壓力等，視為幫助自己提升自我能力的墊腳石，那麼即使掉落最深的井底，也可藉助這些「泥土」形成的土堆安然脫困。正因生於憂患，死於安樂，適度的壓力可以幫助我們成長。

因為在習慣的舒適圈中，人的思維和行動總是容易流於狹隘，然而我們都是有選擇的，無論面對抉擇時會遭遇什麼樣的波折或迴響，那都是我們的決定，我們必須為自己的決定負責。

只是大多數的我們，習慣於選擇別人的選擇，面對未知的結果，我們更害怕的是他人對我們的反對及評價，漸漸地我們趨向安於當下的現況及思維模式，不再付諸改變，以減少很多不必要的麻煩。

如果我們封閉自己的心，眼光只侷限在現有的生活圈裡，那麼，無論

是從人際關係還是自身能力，我們都無法得到實際上的提升。

　　只有當你願意跨出自己的舒適圈時，你才能藉由種種的「不舒適」成長，打開眼界。為此，我們每個人都必須去嘗試踏出自己的舒適圈，具體來說，我們可以：

## ◎ 不去設想目的地在哪裡

　　在我們踏出舒適圈之前，不必急著去設想目的地在哪兒，不必急著計較得失，不必太有意識地去完成某些事情，只要我們踏出去了，這一切就會自然發生。

　　預先設想與目的地的距離，甚至是心急想完成某些目標，隨之而來過多的壓力會讓人容易怯步；暫時放下那些加諸於心頭上的侷限理由，拋開那些「應該要……」的向外索求念頭，隨心之所向，去做就對了，靜靜地看待事物自然的發生，然後隨遇而安，一步步地走出新的開始。

## ◎ 你比想像中堅強

　　勇敢迎向改變，結果可能反而出其的好。

　　當遭遇不順遂時，回憶起離開熟悉環境的旅途中所感受的震撼時，那些生活中可能難以忍受的種種似乎都顯得渺小、微不足道，那是因為踏出舒適圈後，人的包容度也跟著擴張了，我們開始意識到自己其實比想像中的更勇敢，也更堅強。

## ◎ 舒適圈外：設法建立起個人品牌

◆找到自己的定位

什麼是你的優勢？什麼是你的傲人資本？找到可以發揮你天賦的領域和空間，給自己正確定位，你的個人品牌能更快地建立起來。

◆根據發展步調累積知識

知識就是力量，具有知識力才有說服力，這就如同品質優質的產品才更容易建立品牌一樣。

◆保持微笑、維持良好的個人形象

好馬配好鞍，賞心悅目的「包裝」能幫助你吸引更多注意力，同時保持微笑，讓它成為你的標誌，更有助於你個人品牌的建立。

◆找對方向拓展人脈、持續發言

人脈就是命脈，積極參加各種規模的聚會，交流感想，在此一領域持續地發言，維持你的能見度，會讓更多人記住你。

◆善於傾聽

你的真誠傾聽會讓對方感覺到你關心他的感受，你將因此贏得更多信任。

◆給予對方激勵

激勵對方能傳達你的堅定信念，讓對方覺得你是個令人留下印象和值得深入交往的人。

◆讓自己更幽默

幽默能讓你成為人群當中最受人矚目的對象，倍增你的影響力與魅力。

◆誠信待人

周密的雄辯和激昂的用詞都不如真誠能打動人心。你以誠待人，別人

才會以誠相報，你才能得到更多人的關注和認同。

## ◎ 尋找認識世界的方法

　　認識世界的方法有很多，你可以看書、可以上網查資料、可以出發去旅行，別讓自己的眼界與心胸太過狹窄。

　　例如：音樂是世界各地文化很重要的一環，透過音樂，可以在腦中建構起當地人們的生活和情感，不僅可以調劑身心，更能帶著你環遊世界！

**Make you happy 維他命**

### 立即行動！

　　如果你想學法文、學跳舞，請立即找出廣告資訊，打電話去報名。不要讓生活支配你，是你要支配生活，而行動是支配生活的重要方法。

## 自我測驗　*你的學習傾向如何呢？*

當你在早晨邊喝著咖啡，邊看著報紙時，突然看到了報紙上出現了「公共汽車」這四個字。你在看到了之後，第一個會聯想到的是什麼呢？

**A.** 交通工具

**B.** 車票

**C.** 上班下班的情景

**D.** 過站不停、冒黑煙

## 解答

### 選 A 交通工具的人

你是個對事務觀念有著傳統經驗反應的人，說白一點，就是說你是個思想比較古板、保守的人。你很喜歡遵守傳統的思考方式和經驗，也就是說你不喜歡動腦筋去想新的事物或者去創造新的概念。

因此，你最好不要從事藝術方面的工作，否則頂多只是抄襲別人的作品度日。你應該去投入不需要思考、創意的類向，像是英文、國文、歷史、地理等可以汲取古人經驗的領域，才會有良好的表現。

### 選 B 車票的人

你是個對事物的本質比較關心的人，你這種人對抽象的概念有很強的感受力，也很喜歡以思考的方式去探索事物的本質。所以，你很適合去學習哲學、神學方面等科目，對於文學方面的思索，你應該也可勝任。所以，學生時期你如果在數學或是背誦方面的科目成績不是很理想，你也不要在意，因為你的天賦是在其他方面，千萬不要妄自菲薄！

## 選 C 上班下班的情景的人

你是個很注重學習過程的人，不喜歡單調、死背的學習方式，最好是能寓教於樂，從玩樂中學習。所以，你絕對不要逼自己以填鴨的方式來學東西，更不要和別人比較成績。

學習的成果到底是否真的就代表一個人的學習效益，這是很難說的，而你是真正喜歡求知的人，不是只注重成績的人。因此，建議你最好去發展能自己求真的領域，才能有較好的發展。

## 選 D 過站不停、冒黑煙的人

你是個很喜歡邏輯推論的人，而且是對客觀、理性的事實比較有興趣，所以你很適合去學習有關推論的學科，像是數學、哲學、物理、化學等領域。

你不但擅於思考，而且有很強的推理能力，因此你不要強迫自己去死背東西。如果你能善於運用聯想推想的能力，相信你也可以很有效地學習記憶性的科目。

# Moral Quotient

**25** 什麼是道德商數？

**26** 好修養，換位思考想一想

**27** 反省，是進步的踏腳石

**28** 相信自己，解開矛盾與誤會

**29** 揚長避短，能屈能伸為可貴

**30** 誠實的人必多得福

自我測驗 那個人的道德感指數有多高？

MQ

# 道德商數

要相信自己的內在，還是別人

MQ
*Moral Quotient*

# 25 什麼是道德商數？

沒有人想的跟說的完全一致，也很少人說的跟想的一樣，因為語言本身難以掌握、思想容易糾結。

——美國歷史學家　亨利·亞當斯（Henry Brooks Adams）

## Case Sharing

哈佛教授克里斯汀生（Clayton M. Christensen）曾分享過一個故事：

他的同窗史基林曾是麥肯錫管理顧問公司（McKinsey & Company）有史以來最年輕的合夥人，當他當上安隆公司（Enron）執行長之後，年收入更高達了一億美元。他的「戰績」輝煌，相形之下，私生活卻是一團糟。

史基林的第一次婚姻以離婚收場，在安隆醜聞案爆發之後，克里斯汀生完全無法相信他就是新聞報導中的那個追逐金錢的巨鯊。安隆破產之後，史基林因多項罪名被起訴定罪，例如：詐貸、財務造假、證券詐欺等等。

不只克里斯汀生的哈佛商學院同學遭遇了家庭不幸、工作瓶頸，甚至成了罪犯。多年後有些同窗一樣在人生道路上跌了大跤。有個同學甚至成為華爾街金融犯罪首腦，他透過內線交易，從金融市場捲走數十億美元；另一個同學則因和未成年少女發生關係而被捕入獄。

　　克里斯汀生表示，他提到的那些同學應該都不曾想過自己的婚姻會一敗塗地，與孩子形同陌路，更無法想像自己會面臨被捕入獄的命運。然而，他們卻不自覺地走上這條悲慘之路。這讓他十分震驚，他們的人生之路到底在哪裡出了差錯？

　　克里斯汀生每年都帶領他的學生進行像這樣的討論，他們探討的不是希望未來會如何，而是探究「課堂上學到的理論，是否可以用來預測將來，包括什麼樣的決定和行動會影響到未來」。

## BEST 這樣想比較好

　　MQ（Moral Intelligence,MQ）指的是道德智商，一九七○年代以後，社會變遷迅速，自由主義興起，人強調以自我為中心，傳統上維繫社會安定的各種道德和規範都被揚棄了，造成社會的混亂現象。所以，「道德教育」（Moral Education）在先進國家非常受到重視，已成為世界性的新教育課題。

　　而MQ 的內容包括了體貼、尊重、容忍、寬恕、誠實、合作、負責、勇敢、和平、忠心、禮貌、 獨立、幽默等各種美德，所以在台灣也稱之美德教育。

　　一個有高標準MQ的人，定會受到信任和尊敬，自然會有更多成功的機會。此外，根據「台灣一千大企業用人調查」的結果，顯示出企業主用人最優先考量的是屬於MQ的「德性」〔占55%〕，然後才是屬於IQ的「能力」〔占2%〕、屬於EQ的「相處」〔占13%〕。

同樣表現出台灣企業取才的關鍵已經從「能力」轉為「態度」，而最重視的是屬於MQ的「工作態度」、「敬業精神」、「團隊合作」。相形之下，學習能力、專業能力、解決問題的能力反而是次要的。此外，美國很多名校招生時除了看成績，也會評估是否有做公益的經歷。

　　追求成就也是如此，如果你不能做到對人對事真誠、守信，而是時刻都有欺瞞、貪欲之心，那麼總有一天會被他人識破，讓你失去更多值得把握的機會。

## ◎ 上進不等於爭強好勝

　　在高競爭的人生過程當中，我們要能正確理解「上進心」和「爭強好勝」這兩個概念的不同。擁有「上進心」的人，他的人生往往會是一種積極向上的人生，但「上進心」和「爭強好勝」有著本質上的差別。

　　「上進心」強調人看重自己往前走的每一步，注重自己的每一點進步，知道付出並能體會成長的快樂，這是直向成長的方式；而「爭強好勝」的重點是在「好勝」之上，這決定了其是橫向比較的方式。

　　更何況，每個人都不可能是常勝軍，爭強好勝的人一旦在競爭當中連連失敗，就可能因接受不了打擊而一蹶不振。

　　因此，要能學會在競爭的過程當中，享受自己一點一滴的進步，而不是為了取得勝利而不擇手段。

## ◎ 誠信的長期效應

談到誠信，首先當然要敢於說實話、做實事、負責任。

短期來看，這種做法可能毫無意義，甚至是會吃大虧的；但從長遠來看，這樣的吃虧就像是倒吃甘蔗一樣，未來肯定能替你帶來回報。相反地，處處欺詐的人能得到一時巨大的利益，但卻從此失去人們的信任。

記住，誠信能為你帶來「品牌效應」。被認為是誠實可靠的人，能逐漸建立起自己的信譽以及贏得道義上的優勢，其他人也更願意與你來往、合作。

這就像是商業中的品牌，知名品牌本身就是可信的，只聞其名就知道它是好產品，在市場上自然也就吃得開。

## ◎ MQ夠好，就不會傷害別人

守住誠信說起來很簡單，做起來卻不容易，稍有疏忽就可能打破自己的原則和許下的諾言。

因此，我們要重視自己說過的每一句話，對「發言」負責，用行動說服他人的異議，在對方心中建立起誠信的形象，將真理、守信作為處世的根本。如此你會發現，你的行事會隨著你的誠信與美譽更加順利無阻。

一個人人重視MQ的社會，才會是一個安居樂業的社會。MQ帶給我們一些新思維，因為在評價一個人時，IQ和EQ的概念已不足夠。一個人如果沒有良好的MQ做基礎，則IQ越高對社會的危害就越大。

例如，當一個人在遭遇事業或感情上的挫折時，即便EQ不好，但如果MQ夠好，就至少不會做出傷害別人的事。

## Make you happy 維他命

### 拿回生活開關！

把on 與 off 的開關，拿在自己手上。on 的時候，你全力以赴；off 的時候，你盡情狂歡，work hard, play hard！記得替自己決定生活的方向，再一次提醒自己，自己的人生自己掌握。

# 26 好修養，換位思考想一想

　　將他人的感覺和觀念與自己的感覺和觀念置於相同的位置，並把它表現出來，這樣談話的氣氛就會融洽起來……因為你已經理解和認同了對方的觀點，他也就能逐漸理解並認同你的觀點。

——塞爾維亞發明家　尼古拉‧特斯拉（Nikola Tesla）

## Case Sharing

　　小玫週六回了娘家一趟探望母親，進門時卻發現母親眉頭深鎖，悶悶不樂地坐在沙發上生悶氣。小玫便一把摟住母親的脖子問：「媽，怎麼了？誰惹妳生氣？」

　　母親沒好氣地說：「還有誰？還不是妳那個不爭氣的哥哥！」

　　「他怎麼了？他不聽話你告訴我，我叫老爸打他屁股！」

　　母親長嘆了一聲說道：「他真沒良心，娶了媳婦忘了娘啊！打從你哥結婚以來，就什麼都聽你嫂子的。她手握財政大權，你哥連零用錢都跟她要，我實在是看不過去。還有，她嫁過來以後，什麼家事都不做，洗衣服、做飯、掃地，樣樣都是我在做。哎呀！我這把老骨頭都快要累斷了……」

　　這時候，父親插了一句：「妳又沒上班，做這點家事還能多累？再說，媳婦沒過門時，不也是妳在做嗎？」母親一聽，更是火冒三丈地說：「哼，小的只知道心疼太太，你這個老的也胳臂向外彎啊？」

小玫知道問題出在哪裡了，便拉著母親的手說：「媽，別生氣。我問妳，我結婚以後，妳覺得我過得怎麼樣？」

　　「還用說？偉治那麼疼妳，公公婆婆也把妳當自己的女兒看，什麼都不讓妳做，妳真是身在福中不知福喔！」

　　「那就對啦！如果我白天上班，晚上回來還有一堆家事等著我做，妳一定會心疼我吧？人家把養了那麼大的女兒送給妳做媳婦，當然也希望妳能像疼自己的女兒一樣疼她。嫂嫂工作比我還忙，銀行的經理連假日都要輪流休，每天回到家連洗澡都沒力氣了，要是妳自己的女兒，妳還會要她做家事嗎？其實嫂嫂也覺得不好意思呢，我上次就聽她說過要出錢請個打掃歐巴桑替妳分擔家事，但是妳和老爸不就怕多花錢才不同意？」

　　「還有，錢的事，哥不就是個月光族，以前單身的時候，每次不到月底就把錢都花光了，妳還一直要他存錢，現在嫂嫂是個理財專家，把財政大權交給她不是很理所當然的事嗎？他跟偉治是一樣的，家裡的財政大權也是在我手上呀？媽，很多事情妳要是能站在嫂嫂的立場上想一下，妳對她就能多一點諒解了！」

　　「對呀，我覺得媳婦還是很孝順的。上次還給我們倆都買了基金，就是用他們的錢付的呢。」老爸又插嘴了。

　　看母親站起來就往廚房走去，小玫急著喊：「媽，妳去哪？」「給妳嫂嫂做飯，她加班快回來了。」小玫和老爸對看一眼，會心地笑了。

## 這樣想比較好

　　換個角度想一想，從對方的立場和觀點去思考，你會發現原本迷惑不

解的問題就能豁然開朗，人與人之間的諒解和信任感也會逐漸加深。這樣的人會是社交圈中最受歡迎的人，因為他懂得體諒他人、理解他人，並有著一顆寬容而和善的心，沒有人會拒絕和這樣的人當朋友。與那些時時刻刻只想到自己的好處、自私苛刻的人相比，我們當然更樂意與這樣的人來往了。

對於個人來說，能夠換位思考、體諒他人，不僅可以顯現出自己良好的素質與人格修養，還可以讓自己在社交圈中與人相處融洽，因為你在尊重和諒解別人的同時，也能獲得他人對你的信賴與尊重。

## ◎ 設身處地，感受對方的感受

每個人對於某件事、某個人都會有自己不同的感受和理解方式，想知道對方為什麼會這樣想、這樣做，最好的方法就是將自己置於對方的立場上，設身處地地去感受對方的感受、去體會對方的體會，這樣才能明白他的心態、瞭解他的情緒，從而理解他人、與他人真正交心。

換位思考是一種寬容，更是處世的一種大智慧，如果我們僅從自己的立場去看待一件事或一個人的「表現」，就容易對他人產生誤解，看待事情也會有失偏頗，這也並非是能「玩轉」社交圈的良好態度。

## ◎ 能互相體諒，就事事和諧

人們常說「將心比心」，這就是換位思考。我們在生活上總會遇到不順心或者無法理解對方的事情，這時候只要換一個角度，從對方的立場上

去看待問題、分析問題，就會覺得一切並沒有自己想的那麼「糟」，這些事情從對方的立場上來看或許更是一種合情合理。

前述故事中的母親會對兒媳心生不滿，就是因為只從自己的角度上去看待家事問題，沒有從對方的立場上設身處地地為對方著想。

而小玫的分析合情合理，因為她和自己的嫂嫂一樣同為人家的媳婦，所以推己及人，能從媳婦的角度上去分析嫂嫂的立場，從而打動了母親的心。

可以想見，日後母親若也能多從媳婦的角色上來看待問題，就一定能夠互相體諒，家庭的氣氛也將更加和諧。

## ◎ 理解與認同是必要前提

宋代著名理學家與思想家的朱熹曾經說過：「責人之心責己，恕己之心恕人。」能做到真正換位思考、體諒他人和理解他人的人，是真正具有大智慧的人。它不僅需要人有聰明的頭腦，更重要的是要有一顆善良寬容的心。

顯而易見地，理解和認同他人，是「進入他人內心」的一個必要前提，而察言觀色、換位思考，則是獲得這個前提最便捷的途徑與最有效的方式。

## ◎ 傾聽是最好的相處技巧

卡內基溝通創辦人戴爾‧卡內基（Dale Carnegie）在二十四歲時，有機會到一個社團去教課，他試圖以說故事的方式吸引學生，但沒多久，他的故事就用完了。於是他靈機一閃，要求學生上台去說自己的故事。

後來他觀察到，人們如果能克服面對群眾的恐懼，那麼談話時的自信與風采就會自然地顯露出來。

他更從中領悟到，每個人都喜歡被傾聽，正因如此，傾聽是最好的人脈經營技巧，因為這是沒有壓力的「談話」，最能讓對方感受到你的親切，並能贏得他的信任。

## Make you happy 維他命

### 做好事！

任何善行，無論再怎麼小，帶給施惠者的快樂不下於受惠者。例如，親筆寫一封信給曾幫助過你的人，告訴對方那件事對你的意義有多重大，保證能讓對方開心不已。

# 27 反省，是進步的踏腳石

人最可怕的時候莫過於他們自以為有理，而且對此毫不懷疑。

——南非探險作家　勞倫斯·波斯特（Laurens van der Post）

## Case Sharing

有一個小夥子，大學畢業後進入一家非常普通的公司工作。

公司安排新員工從基層做起，其他的新員工都在抱怨：「為什麼讓我們做這些無聊的工作？」、「做這種簡單的工作會有什麼希望呢？」但這位小夥子卻什麼都沒說，他每天都認認真真地去做每一件主管交付的工作，而且還幫助其他員工去做一些最基礎、最累的工作。

由於他的心態端正，做事情往往更快、更好。更難能可貴的是，小夥子是個非常有心的人，他對自己的工作有一個詳細的記錄，做什麼事情出現問題時，他就記錄下來。然後，他會很虛心地去請教老員工，因為他的態度和人緣都很好，大家也非常樂意教他。

經過一年的磨練，小夥子掌握了基層的全部工作要領，很快地，他就被提拔為部門主任；又過了一年，他就成了部門的經理。而與他同期進去的其他員工，卻還在基層抱怨著。

每個人都會做一些平凡的事情，包括平凡的工作。這時候，如果只抱怨他人或環境，他就不可能認真去做這件事，也就不可能達到成功。

如果一個人願意把自己放在一個平凡的崗位上，以自我作為改變的關

鍵，不斷地反省自己，找更好的方法處理事情，就能穩定自己與周遭人的情緒，成功就一定等著他。

## BEST 這樣想比較好

　　事實上，每個人在做事的時候都需要抱持自我反省、自我修正的態度，並以不斷的追求以去實現自己美好的願望。

　　一個善於自我反省的人，往往能夠發現自己的優點和缺點，並能夠揚長避短，發揮自己的最大潛能；而一個不善於自我反省的人，則會一次又一次地犯同一個錯誤，不能很好地發揮自己的能力。

　　一個人之所以能夠不斷地進步，在於他能夠不斷地自我反省，找到自己的缺點或者做得不好的地方，然後不斷改正，以追求完美的態度去做事，從而達成一個又一個的成功。

　　我們應該要能經常反省自己在做人、行事、學習、工作、人際上有哪些問題，哪些做錯了，哪些做對了；錯則改之，對則勉之。

　　人如同一塊天然礦石，需要不斷地用刀去雕琢。雖然經歷痛楚，但雕琢後的礦石才能更光彩照人、身價百倍。因此，反省自我即是最好、最有效的方法。

## ◎ 善於自省，能減少犯錯

英國著名小說家狄更斯（Charles John Huffam Dickens）的作品非常出色，但是他始終對自己的作品有一個鋼鐵般的原則，那就是「沒有認真檢查過的作品，絕不輕易發表」。

每天，狄更斯會把寫好的內容讀一遍，然後修改，周而復始，直到六個月之後才發表作品。而正是這種不斷自我反省、持續修正的態度，讓狄更斯留下了美名。

一個人之所以能夠不斷地進步，在於他能夠不斷地自我反省，找到自己的缺點或不足之處，接著修正它，不斷地如此循環才能逐漸減少犯下的錯誤次數。

一個善於自我反省的人，往往能夠發現自己的優缺點，並能揚長避短，發揮自己的最大潛能；而一個從不實行自我反省的人，則會一次又一次地犯同樣的錯誤，浪費短暫人生的大好時間與精力。

只有反省的人，才知道這一天錯在哪裡，對在哪裡，錯的立即改正，正確的繼續發揚，這樣持之以恆地堅持下去，才會自然而然地減少缺點，發揚自己的優點。

## ◎ 善於自省，能強化學習與優勢

人的一生就是一個不斷探索與學習的過程，輸了一時，並不代表輸了一輩子。學習是貫穿一生的課題，哪怕你是太過聰明還是年紀大了，一樣可以充實自己，不斷學習，因為總會有你不懂的事。

很多人經常責怪別人，卻永遠看不到自己的缺點。其實在這種時候，

聰明人會自省，用檢測別人的標準來看待自己，而一個懂得檢討自己、持續改正自己的人，才能真正增加並發揮自己的優勢。

**Make you happy 維他命**

### 每天十分鐘，想想擁有的！

每天給自己十分鐘，去提醒自己看看你「已經擁有」的、你「正在擁有」的、與你「未來將會擁有」的。你會發現，其實自己真的很富有。快樂，是發現原來自己擁有的這麼多。

# 28 相信自己，解開矛盾與誤會

別為不愛你的人哭泣，要愛為你哭泣的人。

——美國流行女歌手　夏奇拉（Shakira）

## Case Sharing

　　艾莉性格比較倔強，她是一個不喜歡服輸的人。在大學時期，她與同班同學的萱萱感情很好，彼此都將對方當成了最好的朋友。

　　但就在大三下學期，萱萱突然感到身體不適，到醫院檢查之後的結果竟然是「白血病」，作為好友的艾莉內心非常痛苦，她想盡可能地幫助萱萱，照顧好她，就將平常打工辛苦賺來的錢買營養品讓萱萱補身體。學校沒課時，她也總會到醫院陪萱萱聊聊天，說說班上的老師和同學又怎麼了。

　　萱萱看著艾莉為她做的一切，內心感動，卻什麼都說不出口。想到自己的病情日漸嚴重，她的情緒也跟著時好時壞，有時甚至會對著艾莉說一些非常悲觀負面的話。

　　艾莉這個人心思特別敏感，一天萱萱又莫名地發脾氣說：「妳不要再來看我了！也不要對我這麼好！對我這個快要死掉的人來說，這樣只是浪費妳的時間跟錢！不要再來了！」艾莉聽到萱萱這麼說，當然生氣了，氣自己的付出竟然被這樣對待。

　　艾莉在一氣之下真的不願意去找萱萱了，那幾天，艾莉天天都在想著

自己不管天氣好壞都跑去醫院陪萱萱的付出，她覺得自己已經做得夠好了、也盡她所能了，但萱萱卻對自己說這些傷人的話，想了想，堅強的艾莉委屈地哭起來，後來，艾莉覺得自己太不值得了，便決定忘記萱萱這個朋友。

就這樣，兩個人漸行漸遠，也不再聯絡。

直到大學畢業之後，萱萱在生命倒數的日子裡，她想到了那位總是最擔心自己的好朋友。

於是，她請家人打通了艾莉的電話，用微弱的聲音對她說：「我知道妳對我最好……當時我只是不想要妳這麼辛苦……我覺得連累了妳……才這樣說……」萱萱已經沒什麼力氣說話了，艾莉只能在電話那頭放聲痛哭，她已經失去了兩人原本可以再多相處久一些的時光了。

## BEST 這樣想比較好

人與人相處的時候難免會產生一些誤會，但是我們不能無視誤會，因為一點小誤會就可能影響你周遭的朋友。如果矛盾和誤會不能及時地消除，那就會像蓄勢待發的活火山一樣，一旦爆發，後果不堪設想。

適時地說破矛盾，解開誤會，好處在於防止彼此的誤會繼續加深，避免走向無法讓步與協調的對立。一旦自己意識到彼此有誤解產生，就應該及時主動與對方展開溝通。

有些人一旦陷入人際關係裡的漩渦，總會覺得內心有難處，不好啟齒，礙於種種因素，時間越拖越久，誤會越結越深，到最後無止盡地蔓延，造成了難以解決的後果，反倒讓自己更加痛苦。

而要避免這種情況發生，那就是一旦與人有了誤會，最好的解決方法是等彼此的情緒冷靜下來，就要迅速地解釋清楚，因為當拖延的時間越長，人們就越被動、事情也越難以解決。

## ◎ 鼓起勇氣，當面說清

　　我們不難否認的是，有些人就是懦弱懼怕，碰到問題不敢去面對，結果，就算是被人誤會也不願意當面去澄清。對此，你必須記住，對於要向對方當面澄清的問題，一定不要找藉口替自己推託，要勇於面對現實，當面表明你的想法究竟為何。

　　當然，為了不造成不必要的損失和遺憾，最好儘量避免誤會的產生，不要輕易地誤解他人的真意，在做各種決定之前，務必先以多種角度來思考。

## ◎ 找出被誤解的原因

　　造成誤解主要有幾種原因：言語表達所傳達的資訊不準確；言談舉止太過隨意；公共場合丟人面子；玩笑開得過大等等……

　　對此，你必須仔細觀察回想，釐清對方對你的誤解究竟源於何處，否則任憑你費多少口舌和心力，也無法解釋清楚，弄得不好，甚至還會越描越黑，弄巧成拙，讓你覺得難受。

## ◎ 消除自我委屈的情緒

　　出現誤會，你會覺得自己很委屈，此時，你就可能急著為自己辯解，

但是這更會造成越解釋越混亂的情況。

實際上，你應該冷靜下來，從對方的角度上思考，他為什麼會誤解你？有什麼方法能真正釐清誤會？考慮好這些情況，才能讓你心平氣和地表明內心想法，最終消除彼此誤會。

## ◎ 說不出口，可以用寫的

有些人的性格較為內向，即使遭到了他人的誤會，也不知道該從何解釋。此時，不妨採用書信解釋的方法，因為面對一封信，絕對要比面對當事人要來得從容、冷靜的多。

但這裡需注意，寫信時要注意自己的措辭，儘量簡短、明瞭，態度溫和、誠懇、有表達和好的意願等等，才能發揮書信實際的效用。

**Make you happy 維他命**

### 認真的微笑！

研究顯示，我們可以「欺騙」我們的身體進入快樂的狀態，即使我們沒有真正感到快樂。因為微笑和真正的快樂一樣，可以對我們的心臟、血壓、腦，產生實際的推動力。

# 29 揚長避短，能屈能伸為可貴

悲觀者在機會來臨時只看到重重障礙，樂觀者卻往往在困境中洞察良機。

——英國首相　邱吉爾（Winston Churchill）

## Case Sharing

　　清朝的順治皇帝福臨，五歲即位，十三歲親政，他一方面是一個銳意進取、具有雄心大志的皇帝，但另一方面也是一個暴戾自尊、內心充滿了執著的皇帝。

　　福臨的兒子玄燁，就是滿清王朝最有作為的皇帝之一——康熙皇帝，他和父親的命運是那麼地相似，但他們最後的結局卻是完全不同：

　　與康熙皇帝相比，順治皇帝性格中最明顯的特徵就是寧折不彎的剛烈。因為過於剛烈，不願屈從於任何自己不認同的觀點和人物，無論在治理國家的政治生活中，還是在經營愛情與婚姻的家庭生活中，他都表現得相當激進，有時甚至為了達到自己的目的做出一些暴戾極端的事情來。他在最後毅然放棄皇權，皈依佛門，便是極端行為的一種典型表現。

　　即便貴為皇帝，面對很多事情也是無可奈何，很多時候，該忍的必須要忍，即使忍無可忍，也還是要咬緊牙關忍。康熙皇帝深知這一道理，所以他比父親更能容、更能忍。

　　正因為他能容人所不能容，忍人所不能忍，在應該全力出擊時又表現

得極其果斷和剛毅，所以他雖然與父親面對的政治形勢相似，在最後的結局卻截然不同。

康熙同樣是在小小年紀就繼承了皇位，同樣面臨著皇族內部圍繞皇權的鬥爭、與明朝殘餘力量的鬥爭以及與手握重權的權臣之間的矛盾和鬥爭。

康熙和父親一樣是一個銳意進取、具有雄心大志的皇帝，但不同於父親的是，康熙比父親更具韌勁。他知道要想成就一番大事業，不僅要具備一個皇帝應有的堅定與剛強，同時也要懂得柔韌與堅忍。

正因為具有這樣的韌性，所以當手握重權的大臣專橫跋扈到極致時，他仍能從大處著眼，假裝軟弱。當有人暗地欺負自己時，他裝作無知。他深諳「天將降大任於斯人也，必先苦其心智，勞其筋骨，餓其體膚，空乏其身，行拂亂其所為，增益其所不能」的道理，他懂得欲想讓強勁的對手走向滅亡，採取硬碰硬的方式只能讓自己的處境更加艱難，於是他便先縱容其惡劣行徑，使其「先瘋狂，後滅亡」。

最終，實力強大的對手終於敗在自己手下。在容忍了多年之後，康熙終於掌握實權，成為一代明主。

## BEST 這樣想比較好

每個人都有自己的優點和長處，也有自己的弱點和短處，只不過，不同的人對待自己的優點與弱點、長處與短處時均有不同表現。

而一些人對自己的優點總是極力彰顯，可是對弱點卻不肯承認，他們想要為自己樹立一個沒有任何瑕疵與缺點的「完美強者」形象；一些人甚

至根本就不知道自己擅長什麼、不擅長什麼；有些人雖然知道自己的優缺點是什麼，但是他們卻不懂得如何利用自己的優勢、如何避免暴露自己的弱點……

對於自身所具備的優點和長處以及不可避免的缺點和短處，聰明人總是十分善於在工作與生活中不斷施展和發揮自己的強項，而將自己的弱勢巧妙地加以迴避，從而達到揚長避短的目的。

聰明人還樂於與人合作，在與他人合作之時，他們能夠取別人之長、補自己之短，在相互取長補短的過程中將事情做好，同時還實現了自己與他人的共同成長。

面對自己的優勢與劣勢以及自身的優點與缺點，我們不僅要懂得揚長避短，而且在遭遇難以克服的挫折或面對自身的短處時，還要有退讓一步的智慧，要知道暫時的屈從與退讓，其實是為了關鍵時刻的堅決與前進。

◎ 人生智慧：能屈能伸

所謂能屈能伸，其實就是在條件不成熟時懂得容忍和讓步，懂得厚積而薄發，能夠做到忍辱負重；到了條件成熟的時候，則奮力拼搏、堅決果斷、毫不退縮，能夠做到當機立斷。能屈能伸，這是古往今來能成大事的人都具有的優秀品質，也是一種不計一時之得失、不逞一時之英雄、關注大局、目光長遠的人生智慧。

## ◎ 留得青山在，不怕沒柴燒

能屈能伸之人並非是欺軟怕硬之徒，他們是在不違背做人做事基本原則的前提下，更加理智、更有彈性地應付客觀情況的變化。他們比任何人都瞭解自己的能量，也就是人們常說的「知道自己究竟有幾斤幾兩重」，一旦經過認真權衡發現自己的力量不如對手，他們便不會輕舉妄動，而是忍辱負重，以為將來的興起累積力量。

他們深知「留得青山在，不怕沒柴燒」的道理，因此絕不會自不量力地在強大對手的圍堵中強自頭。

## ◎ 張揚，需適可而止

年輕人喜歡張揚，為人處世之時總喜歡以自我為中心，做出一點點成績就沾沾自喜、不知天高地厚，將「天外有天，山外有山」的道理拋到了腦後；他們喜歡意氣用事，做事缺乏耐性與韌性，一有機會表現自己，便會搶先出頭。

正因為如此，所以凡事張揚和喜歡意氣用事的年輕人在社會上經常吃虧受阻，而等到他們懂得揚長避短、能屈能伸的人生道理時，他們已經為此付出了巨大的代價。

### Make you happy　維他命

#### 宣布今天是My Day（我的日子）！

列出三件你喜歡但很少做的事，例如：買件漂亮的衣服、泡澡、看場電影、選本喜歡的書在店裡邊喝咖啡邊讀。你可以選定今天就為自己做喜歡的三件事。

# 30 誠實的人必多得福

每一件別人讓我們不快的事，都能讓我們更加瞭解自己。

——瑞士心理學先驅　卡爾·榮格（Carl Jung）

## Case Sharing

　　三十年前，美國華盛頓一個商人的妻子，在一個冬天的晚上，不慎把一個皮包丟在一家醫院裡。商人焦急萬分，連夜去找。因為皮包內不僅有十萬元美金，還有一份十分機密的文件。

　　當商人趕到那家醫院時，他一眼就看到，清冷的醫院走廊裡，靠牆蹲著一個凍得發抖的瘦弱女孩，她懷中緊緊抱著的正是妻子遺失的那個皮包。

　　這個叫希亞達的女孩，是陪病重的媽媽來這家醫院治病的。相依為命的母女倆家裡很窮，賣了所有能賣的東西，但湊來的錢還是僅夠一個晚上的醫療費，沒有錢明天就得被趕出醫院。

　　晚上，無能為力的希亞達在醫院走廊裡徘徊，她天真地想求上帝保佑，能碰上一個好心的人救救她的媽媽。

　　然而，一個從樓上下來的婦人經過走廊時，腋下的一個皮包掉在地上，當時走廊裡只有希亞達一個人，她走過去撿起皮包，急忙追出門外，但那位女士卻上了一輛轎車揚長而去。

　　希亞達回到病房，當她打開那個皮包時，母女倆都被裡面成疊的鈔票嚇呆了。那一刻，她們心裡明白，用這些錢可以治好媽媽的病。然而媽媽

卻讓希亞達把皮包送回走廊去，以等待遺失皮包的人回來領取。

後來，商人雖然盡了最大的努力，希亞達的媽媽還是拋下了孤苦伶仃的女兒離世。後來商人領養了這個失怙的女孩。她們母女不僅幫商人挽回了十萬美元的損失，更主要的是那份失而復得的文件，商人的生意如日中天，不久之後就成了大富翁。

被商人領養的希亞達，讀完大學就協助富翁處理商務。雖然富翁一直沒委任她任何實際的職務，但在長期的歷練中，富翁的智慧和經驗潛移默化地影響了她，使她成了一個專業的商業人才。

到富翁晚年時，他的很多想法都要徵求希亞達的意見。

當富翁臨危之際，留下這樣的一份遺囑：「在我認識希亞達母女之前我就已經很富有了。可是當我站在貧病交加卻拾巨款而不昧的母女面前，我發現她們最富有，因為她們謹守著至高無上的人生準則，這正是我作為商人最缺少的。我的錢幾乎都是爾虞我詐、明爭暗鬥得來的。我收養希亞達既不為知恩圖報，也不是出於同情，而是請了一個做人的楷模。有她在我的身邊，生意場上我會時刻銘記，哪些該做，哪些不該做，什麼錢該賺，什麼錢不該賺。這就是我後來的業績興旺發達的根本原因，我成了億萬富翁。我死後，我的億萬資產全部留給希亞達繼承，這不是饋贈，而是為了我的事業能更加昌盛。我深信，我聰明的兒子能夠理解父親的良苦用心。」

富翁在國外唸書的兒子回來時，仔細看完了父親的遺囑，立刻毫不猶豫地在財產繼承協議書上簽了字：

「我同意希亞達繼承父親的全部資產。我只請求希亞達能做我的夫人。」

希亞達看完富翁兒子的簽字，略一沉思，也提筆簽了字：

「我接受先輩留下的全部財產——包括他的兒子。」

希亞達拾金不昧的好品德，使富商領悟到「恪守至高無上的人生準則，正是我作為商人之道。」由於有了這種想法，成為他起其後業績興旺發達的根本原因。一個人，用善良本性幫助一個需要幫助的人，而不計較其出身，就是我們應該學習的一門功課。

　　誠實，就是坦白、不說謊，是一種對自我負責的行為，而且也可以得到別人的信任，即使我們不小心犯錯，只要勇於認錯，也會得到別人的肯定。欺騙，就是說謊、詐欺、不誠實，會讓別人在心中留下對你不好的印象、毀壞自己形象。

　　那麼，心靈的快樂從哪裡來呢？高尚的品德又是如何形成呢？哲學家說：「人類的智慧就是快樂的源泉」；希臘也有這樣的一句諺語：「從智慧的土壤中生出三片綠芽：好的意思，好的言語，好的行為。」

　　要承認自己的過錯，不是一件容易的事：「樂知其惡難，以告惡人更」。但要遮掩罪惡卻是更苦的事，以色列君王大衛作詩（聖經詩篇三十章）這樣說：「我閉口不認罪的時候，因終日唉哼，而骨頭枯乾」，由於大衛王錯失不僅得罪人，更冒犯天，於是他向上帝祈禱：「我向你陳明我的罪，不隱瞞我的惡。」

　　結果呢？他的人生觀是：「得赦免其過，遮蓋其罪的，這是人有福的。」這是永恆的福氣，也是真正的快樂！

Medicine 處方簽

## ◎ 學習仰賴自己，衡量價值

別再從他人身上尋求認同與肯定，也別再藉由他人來衡量自我的價值。因為我們來到這世上的目的並非迎合他人的期待，我們的人生也不屬於他人。你可以這麼做：

◆盡可能告別童年發生過的事情、發洩悲傷、思考自己的觀點、想想我們童年發生的事情，是如何影響現在的自己。

◆培育和珍惜我們內在那個害怕、脆弱又有需要的小孩。

◆別再從他人身上找尋快樂，我們快樂與幸福的泉源並非來自其他人，而是在於自己。學習以自己為生活中心。

◆我們能學習仰賴自己。或許他人一直不在身旁，但我們能在自己身旁。

## ◎ 對自己誠實，脫下假面具

現代人心中的無助與疏離經常不完全表露，為了不被別人發現自己軟弱的一面，就用「笑」當「保護色」隱藏自己，因為不能哭，只好「笑」了，但這「笑」卻只是「強顏歡笑」，並不是發自於內心的「真正快樂」，結果騙了別人，卻騙不過自己，最後乾脆丟棄自我，忘了「愛恨」，宛如沒靈魂的軀體。

這樣的人生，還不如脫下假面具，以無憂無慮的笑與肆無忌憚的哭交雜而成的最真實自己，誠實面對世界。

## ◎ 生活中作祟情緒的錯誤感覺

生活中的煩惱，多半因這些感覺作祟：感覺不滿意，於是在挑剔、牢

騷裡找快感，找不到自我的價值，受到批評就受不了，只好到處找人取暖，你總是找安慰，卻不找答案。

運氣好，卻產生罪惡感；運氣不好，就想辦法讓別人產生罪惡感。

很多時候你怕難過所以丟不掉、放不下，結果卻讓你更不快樂。你應該：

◆對別人的情緒——體會，但不做評論：同一件事，別人討厭，你可能喜歡，所以不要對別人說：「我覺得你這樣折磨自己好笨！」、「他真不該氣成這樣。」、「她怎麼會怕成這樣？」

◆對自己的情緒——不只是釋放，還得行動：緊張時搓搓雙手、憤怒時先深呼吸或用食指碰碰自己的鼻尖，你就會覺得有這種情緒似乎很愚蠢而釋懷。

## Make you happy 維他命

### 找回完成的快樂！

不要說：「只要我減掉十公斤，只要我有男朋友，只要我換了新工作，我就會快樂。」為何要將快樂延到以後呢？只要完成一件工作，讀完一篇文章，整理房間，洗完今天的衣服，即使是小小的「完成」，也能帶給你快樂。

自我測驗　**那個人的道德感指數有多高？**

　　在腦海中描繪著你想測試的那個人，你覺得對方最像非洲草原中的哪一種動物？

**A.** 獅子

**B.** 斑馬

**C.** 犀牛

**D.** 鴕鳥

### 選A的人 ……⋯ 【不擇手段型】

道德感指數10%！

　　對方雖然從小受到良好的教育，腦海中明明已經知道是非對錯的界線在哪裡，但實際上內心的道德感卻很薄弱，他對於想得到的東西，都會不擇手段地將它搶到手。與這種人相處，你需要多一點的提防之心，因為你不會知道道德感薄落的人做事情的限度究竟可以「泯滅良心」到哪裡，為了你好，請減少與對方相處或合作的機會。

### 選B的人 ……⋯ 【墨守成規型】

道德感指數90%！

　　對方從小受到父母與老師的耳提面命，是隨時會注意自己有無逾矩的人，已經養成了行為舉止遵守所有的道德規範的習慣，甚至可說是完全不敢越雷池一步。

與這種人相處，基本上你可以相當放心，只是也因他是較為墨守成規、不知變通的人，你可能需要多注意與對方溝通時的細節，多提點對方一些能讓你行事更安心。

### 選C的人 ⋯⋯⋯⋯⋯➢ 【原則至上型】

道德感指數75％！

對方個性非常的我行我素，是個活在自己世界裡的人，會莫名地堅持某些事情，說什麼都不讓步，在性格中具有不願意屈就他人的特質，除非你能夠說服他。

與這種人相處，正因為他比起遵守道德底線，更在乎自我的原則，在他的自我規範中是具有高道德感的。因此，你只要能讓他認為這件事是對他有好處的，其他的都不必太過擔心了。

### 選D的人 ⋯⋯⋯⋯⋯➢ 【退化型】

道德感指數30％！

對方是一個會耍小聰明的人，與其說他很在乎別人的想法，不如說是他為了自己的方便而會尋找許多小洞來鑽，所以他做事之前會注意周遭的狀況，以防自己的弱點或醜態被人發現。與這種人相處時要特別注意，由於他是隱性的道德感低落，在公共場合會遵守規範，但在沒人注意時卻可能會做些偷雞摸狗的事，你需要多一點心思注意。

**31** EQ，肯定比 IQ 更重要

**32** 情緒是客人，你是主人

**33** 讓你過度壓抑的情緒勞動

**34** 不自覺的情緒勒索行為

**35** 你是否擁有良好的情緒適應能力？

**36** 情緒會影響你的悲觀與樂觀

自我測驗　生活上是什麼讓你不快樂？

# 情緒商數

那些整不死你的，使你更強壯

# EQ
*Emotion Quotient*

# 31 EQ，肯定比IQ更重要

人生宛如一場牌局。拿到什麼牌，那是命中註定，但如何出牌，卻操之在己。

——印度首任總理　尼赫魯（Jawaharlal Nehru）

## Case Sharing

《三國演義》中的周瑜英年早逝，死因歸結於氣壓於心，抑鬱而死，因此便有了後世相傳的「諸葛亮三氣周瑜」之事。

東吳水師都督周瑜有勇有謀，但卻因為心胸狹窄，嫉賢妒能，毀了自己一生。孫劉聯合抗曹時，周瑜想用火燒毀曹營，卻因為沒有東風而急得病倒了。

諸葛亮探望周瑜時，一句話就說中了他的心事——「萬事俱備，只欠東風。」後來諸葛亮借東風，周瑜才火燒曹營。周瑜認為諸葛亮的才能高於自己，就下了決心要除掉他。周瑜派人殺諸葛亮，誰知諸葛亮早已洞悉他的意圖，安全離開。周瑜氣得險些跌倒在地，這是第一氣。

此後，周瑜為了奪回荊州，將劉備騙去娶親，諸葛亮便給趙雲三條錦囊妙計。結果周瑜與孫權是「賠了夫人又折兵」，氣得周瑜昏死過去。

周瑜本來箭瘡未癒，又因氣憤而復發，經眾人搶救才醒了過來，他便吼道：「諸葛亮，我絕不甘休！」，這是第二氣。

最後，周瑜佯裝要替劉備攻打西川，要求劉備在其路過時準備糧草前

去慰問，意圖伺機殺了劉備。而諸葛亮早看穿了周瑜的計謀，便將計就計，佈下四路大軍，在吳軍到來之後，將其團團圍住。士兵們開始高喊：「活捉周瑜！」緊接著探馬來報，說劉備、孔明正在軍營中飲酒，這氣得周瑜口吐鮮血，仰天長嘆道：「既生瑜，何生亮！」說罷又連吐數口鮮血而死，年僅三十六歲。

若周瑜不那麼嫉賢妒能，也不因諸葛亮的言行不斷左右自己的情緒，那麼他不僅不會落得如此下場，說不定還能與諸葛亮連成一氣，互相切磋，對自己更有利。

EQ在生活中確實發揮著很大的效用，如果你的EQ過低，動不動就陷入負面情緒，那麼你失去的，就從不只是得勝的機會。

## BEST 這樣想比較好

近年來，掀起了一股EQ旋風，多數的媒體都闡述道：「EQ好的人生活更幸福、更容易達成目的。」那麼，到底什麼是EQ呢？

美國心理學博士丹尼爾‧戈爾曼（Daniel Golernen）曾經出版了一本名為《情商》的書（情緒商數，Emotional Quotient，EQ），此書甫一上市便在美國社會掀起軒然大波。他主張情商應比智商更能影響成功與否，因此成為全球性的暢銷作家。

他透過科學論證得出結論：「EQ是人類最重要的生存能力，此生的成就20%可歸諸於IQ，另外的80%則受其它因素（尤其是EQ）的影響」。

在心理學的研究當中，情感的概念與個性的形成、理性與非理性的思維、以及認知的動機有關。EQ，是一種「自我情緒控制能力」的指數，是一種認識、瞭解、控制情緒的能力。且EQ跟IQ（智商）不一樣，EQ可以經過指導而改善。

任何人都需要「情緒管理」（Emotion Management）來幫助自己回到情緒的常軌，「情緒管理」是指對個人和群體的情緒進行控制和調節的過程。而負面情緒是指以難過、委屈、傷心、害怕等為特徵的情緒，這些壞情緒無論是對個人還是對團體而言，都會是很大的潛在危害。

也因此，丹尼爾·戈爾曼教授表示：「EQ是決定人生成功與否的關鍵點」，期望社會重新審視除了IQ，EQ更是主導人生的重要關鍵，不可忽視。

以下分享給讀者朋友們如何判別個人EQ高低的幾種方法：

◎ 你平常能控制好自己的情緒嗎？

在日常生活中，碰到開心的事會笑，碰到難過的事情會傷心、生氣，這些都是再正常不過的情緒表現，但有些人卻經常處於負面的狀態當中，甚至過度發洩，這就是EQ低的情況。雖然我們不可能將壞心情從生活中完全剔除，但我們卻可以試著保持情緒的平衡。

那麼，又該如何處理不良情緒呢？有很多人選擇盡情發洩，但其實還有更好的辦法，那就是「換位思考」與「轉移注意力」。

「換位思考」，說得簡單一點，就是換一個角度去看待那些令你不快

的事，試著找出其中的正面部分；而「轉移注意力」就是指不要一直關注在那些使你傷腦筋的問題上，盡量找其他的事做，例如，你可以運動、聽音樂、看電影等等，都可以有效抒發已經產生的不良情緒。

## ◎ 你是否擁有挫折承受能力？

在人生中，生活和工作都不會是一帆風順的，總會遇到大大小小的挫折。有些人能夠理性面對失敗，但有些人在遭受挫折後卻從此一蹶不振。承受挫折的能力也是檢驗一個人是否具備高EQ的標準之一。

許多各領域當中的「成功者」總是多了這樣的特質，那就是能將挫折當成人生體驗中的一小部分，從失敗裡累積經驗、吸取教訓，進而東山再起。因此，可以這樣說，具備良好的EQ，你便能事半功倍。

## ◎ 你遇到挫折時能自我勉勵？

有一個人遇到了困難，便跑去廟裡拜菩薩，當他誠心誠意地向菩薩祈求的時候，突然發現旁邊不知何時也跪著一個人，那裝扮就跟菩薩一模一樣。於是，這個人小心翼翼地問：「請問，您就是菩薩嗎？」「是。」

那人答道。「那您為什麼還要拜自己呢？」「因為求人不如求己。」話才說完，菩薩便翩然遠去。

也就是說，我們自身產生的力量，遠比他人的慰問來得更持久有效，因為沒有誰能完全理解別人的感受，幫助別人一輩子。在現實生活中，透過不斷地自我勉勵而成就一番大事業的人更是不在少數。

## ◎ 你是否能察覺自我意識的變化？

一個人的EQ高低，最基本的表現就是他能否在一種情緒剛出現的時候就能自己意識到，這種「察覺自己情緒產生變化的過程」就是自我意識

的加強。當我們產生某種情緒的時候，身體會不自覺地開始出現變化，而多數人可能察覺不到。

你應該多少有過這樣的經驗，當出現突如其來的變故或是挫折時，你可能會一陣子或是連續幾天都面露憂心或鬱鬱寡歡，而自己還不自覺，直到周遭的人關心詢問之後才發現原來自己一直都看起來很不愉快。如果你能早點察覺，就能早一步將自己從不良的情緒當中釋放出來。

## ◎ 你是否有良好的人際溝通？

人不能脫離群體單獨存在，強大的人際關係網能替我們的生活和情感帶來安慰。

溝通是人際關係中最重要的一部分，它是人與人之間傳遞情感、態度、事實、信念和想法的過程，所謂良好的溝通指的就是一種雙向的交流過程，不是你一個人在發表演說、對牛彈琴，或者是讓對方唱獨角戲。而是用心去傾聽對方在說什麼、去瞭解對方在想什麼、對方此時此刻有著什麼感受？同時將自己的想法回饋給他才是。

溝通過程中可能因溝通者本身的特質或溝通方式的相異而產生曲解，因此傳送訊息者與接收者之間都必須藉由不斷的回饋，去確認雙方接收及瞭解到的資訊是否一致，而這些都需要長期的「練習」。

## ◎ EQ對於成功的影響，比IQ更大

二十世紀八〇年代，有心理學家做過這樣的實驗：他先後對保險公司的一千五百名員工進行測試，第一次是保險公司的常規測驗，第二次是心理學家設計的樂觀程度測驗。

而實驗的結果是，得到「樂觀主義者」級別的業務員，第一年的業績要比「悲觀主義者」高出了15%，第二年則進展到了57%。透過這個實驗

我們不難發現，一個具有良好情感，即高EQ的人，要比情緒不穩定的人成功的機會要大得多。

而EQ，甚至能當成是否能勝任工作的指標，一起看個故事：

一家飯店徵求一名房務員，經過了挑選之後，剩下三名面試者。

面試的問題很簡單：「如果你打開客人的房門，剛好有一位女性走進浴室洗澡，那麼你該怎麼辦？」第一個人說：「趕緊關上門，退出房間。」，第二個人說：「對不起，小姐。然後退出房間。」，第三個人說：「對不起，先生。然後退出房間。」顯然地，第三個人的答案更高明，他比前兩者更鎮定自若，也更為對方著想，自然得到了飯店的垂青。

我們不會說EQ高的人就一定會成功，但可以說EQ好的人，能全力加速成功的進程，贏得先機。

## Make you happy 維他命

### 來個擁抱吧！

經常地擁抱你的另一半或是寵物、孩子，好好地摸摸他們、擁抱他們，這將能夠舒緩你的壓力，也能有效地使你的緊張和血壓降低。

# 32 情緒是客人，你是主人

智慧之道在於，懂得視而不見。

——美國心理學家　威廉·詹姆斯（William James）

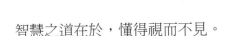
## Case Sharing

　　有一對姊妹在森林裡撿拾柴火，直到夕陽西下，兩人才踏上歸途。

　　路上，她們發現石頭旁邊似乎被遺落了一個小木盒子，兩人驚喜地撿拾起來，發現這個木盒子雕刻地相當精緻美麗，兩人迫不及待地將這一只木盒子打了開來。

　　此時，竟有一道白光照射出來，在光與影的交接之處，出現了模樣可愛的精靈。

　　兩人一看頓時嚇呆了，沒想到這個精靈還飛了起來，說道：「我因為惡作劇已經被關了幾百年了，為了報答你們，你們可以在心裡許一個願望。」

　　姊姊一向都嫉妒於妹妹得寵、人緣又好，所以她在心底許下：「不管妹妹的願望是什麼，我都要是她的兩倍！」後來，妹妹也默默地許下了自己的心願：「我希望可以回到十八歲時的三圍：38、24、38！」

　　此時突然出現了一陣白煙，接著散去，姊妹兩人眼睛看著對方，卻一句話都說不出來……

　　這就是一般常見的「嫉妒」情緒，其實很多人多少都會有見不得別人

好的酸葡萄心態，像是：「他根本沒有實力，到底憑什麼當主管？」、「她的個性糟透了，怎麼能嫁一個好丈夫？老天爺真不公平！」這類的想法。但是同時每個人也都知道其實嫉妒並不能改變事實，只會讓自己落入更深的痛苦深淵。

　　善妒的人絕不會快樂，因為負面的情緒只會傷害自己，就像是用一顆扭曲的鏡頭來看待周遭的事，又怎麼會快樂呢？

## BEST 這樣想比較好

　　你可以試著將各種情緒看成是拜訪你家的「賓客」，而你是有著自由意志的「主人」。

　　正因為你是主人，你就是「你的家」，而其它的人事物都會來來去去，這一個客人來了，那一個客人又離開了，但是身為主人的你還是在這裡。

　　所以，你不要迷失在來來去去的群眾裡，你要記住你的主人身分，而所謂的主人身分就是「自我」。

　　思考一下，你的身體裡面有什麼一成不變的？你該認同的是堅守在這裡不變的自己，而不是那些來來去去的過客。然而，當你一旦認同了客人，那麼主人被客人「洗腦」，他就會忘了他自己。

　　當叫做悲傷的客人來了，你和他一起悲傷；當快樂的客人來了，你和他一起快樂；當仇恨的客人來了、還有嫉妒的客人、羞愧的客人、你喜歡的客人、你不喜歡的客人、你希望和他長久來往的客人……無論什麼時

候，你都認同你的客人，於是，你雖然在自己的家，卻變成了不折不扣的「客人」。

日復一日，有一天你突然覺得好疲憊，你心裡想著：「這不是我家嗎？為什麼我一點都不能放輕鬆呢？」你終於發現問題的癥結點了，你與客人的「連結」被你自己打破了。

然後，你就會知道自己不需要拒絕客人的來訪，只需要記得自己是這個家的主人。

## ◎ 理解：負面情緒是為了保護你

當你碰到悲傷、沮喪、痛苦的事情時，你的意識必須讓你感受很強烈，否則那個悲傷、沮喪、痛苦無法被治療，它必須很接近，你才能夠去感受到它、去覺知到它。因為你的這個接近，你就會和這種情緒變成一體，然而這是身體為了保護你的一種自然的安全措施。讓你去處理這個情緒、為它做些什麼。

就像是你走在山路上，突然感覺附近的氣氛不太尋常，心裡想著說不定是一頭熊，於是你整個人瞬間繃緊了神經，必須馬上做出行動。同時，這個行動必須要馬上進行，你不能再去慢慢想說要怎麼做比較好、比較安全，因為等你想好了，你已經逃跑不了了。

當你的身體遭受到威脅或痛苦時，你必須立即做出反應，否則你沒有辦法存活；如果你離得太遠，這個痛苦沒有被感覺到，你很容易就會陣亡。但同時，痛苦與你是相當接近的，所以你們融為了一體，你會感受

到：「我好悲傷、沮喪、痛苦……」你遭受了什麼，便會感受到什麼。負面情緒並非全面不好，因為這個情緒正在保護你，讓你設法去處理這個對身體不好的情緒。

## ◎ 處理情緒，但不要被情緒同化

情緒有很多種，你無法將這個情緒忽視，但你卻可以將它「分離」，而能夠分離的都是外在之物，不是你。

就像是現在你覺得難過，但是日子一久，「難過」會消失，而你還是存在。從未來來看也是一樣，將來你會開心、憂慮、哀傷，這些情緒會在那裡「等你」，然後再消失，但是它不會一直都在那裡，而是你一直會在那裡。所以，不斷地和情緒同化的你，豈不是庸人自擾嗎？

再舉個例子，「我是焦慮」、「我在焦慮」和「我覺知到焦慮」，這是三種完全不同的狀態。當你產生了負面情緒時，你不妨從「我在○○」改口成「我覺知到○○」，如果你能這麼看待的話，你就能超越那種情緒。

**Make you happy 維他命**

### 和誰談談吧！

你可以將心裡的害怕、擔心、沮喪說出來，這可以讓你感覺輕鬆一點。找到那些願意傾聽、並樂意幫助你的人聊聊自己的喜怒哀樂是相當有效的方法，如果你覺得當面說很令人害羞，也可以使用e-mail或者Line、Facebook來和朋友交談。

# 33 讓你過度壓抑的情緒勞動

在平靜的海面，每艘船都有一位好船長。

——美國第22、24任總統 格羅弗‧克里夫蘭（Grover Cleveland）

## Case Sharing

　　情緒勞動（Emotional Labor）一詞，最早是由加州大學柏克萊分校的學者亞莉‧霍奇查爾德（A.R.Hochschild）於一九八三年提出，其將情緒勞務做了以下定義：「管理本身情緒用以創造公正可見的面部及肢體表現」，並提出員工管理情緒的兩種方式為「深層」和「淺層」，淺層扮演指的是員工調節情緒表達，使其與組織的要求符合，深層扮演則是表達組織期望的情緒，而對於本身的真實情感進行整合，使其一致。

　　舉例來說，霍奇查爾德認為，空服員的工作行為包括了提供旅客餐點及飲料，保持微笑的同時，仍然需要具備親切的的態度詢問旅客是否還有其他需要。這表示空服員在除了身體的勞動外，還需要展現出關懷旅客的態度，使旅客會再次購買此航空公司之商品或機票，促成迴流客，讓空服員的情緒反應變成一種職業化的行為。

　　而債務催收員的工作項目，除了收款清點金額外，還需要與債務人溝通，促使其歸還欠款。當催收員在對債務人溝通的同時，必須隱藏本身之憤怒情緒，展現出和善的態度，被要求展現出與內在情緒不符合的矛盾情緒，就形成了工作上的另一種付出，這就稱為「情緒勞動」。

情緒勞動是一種吸收後回饋的過程，第一線員工將壞（或是較不正面的）的情緒吸收後，轉化為正面情緒面對顧客或消費者；另一方面，也有可能是將正面能量吸收轉化為嚴肅或不苟言笑的情緒，例如學校的老師或飾演嚴肅角色的演員。需要與人互動的職業在許多狀況下都必須控制或掩飾自己的情緒。

而霍奇查爾德認為情緒表達是可以「商品化」的，因為與人高度接觸的工作者在工作時必須控制自己的情緒，以創造出一種合於組織所要求的工作氣氛，達成工作目標。

那麼當這種性質的工作者在面對不愉快的事件時，若遭遇到不愉快的互動時，究竟該如何調整自己的情緒呢？

## BEST 這樣想比較好

在華人文化中總是希望個體要能理性克制情緒，不要隨意表露情緒，以免導致人際關係的緊張或破裂。當個人與互動對象感受到不愉快情緒時，應試圖加以克制，忍氣吞聲，才是較合宜的做法，否則壞了社會關係，可能會造成嚴重的後果。

情緒表達的抑制也常被視為是情緒成熟的表現，但與西方文化鼓勵情緒表達有所差異。一些研究指出情緒表達壓抑有害身心健康，但在華人文化中卻是「鼓勵忍讓」，或許我們必須重新看待「壓抑表達」這件事。

壓抑表達主要在避免負面的後果，例如：對別人表達憤怒，可能對人際關係有破壞作用，且隨意地表達憤怒，會增加攻擊行為。因此在強烈的情緒下，壓抑表達有助於緩和人際之間的負面情緒的失控。

同時，憤怒的壓抑有助於增加親睦關係，因為人們不喜歡強烈憤怒的宣洩者。

因此，壓抑並不全然是壞的，必須要看調整者的目的，雖然壓抑情緒要付出個人健康代價，但是也可能具有重要的社會功能，使我們不得不這麼做。

## ◎ 需付出更多心力來處理情緒壓抑

關於情緒勞動的探討，近來在企業管理領域中受到相當多的矚目，並且對各種服務業者進行諸多調查，包括有保險業務、餐廳服務生、社工人員，護理人員、醫師、諮商輔導人員、空服人員、警察等等。

研究工作中的情緒勞動發現，個體在工作的人際互動中表達怒氣後，就個人內在歷程而言，可能要付出更多的心力來處理自己不減反增的憤怒感。

就人際關係來說，不僅要為接下來的人際後果感到憂心忡忡，有時更要為自己一時衝動所造成的社會關係破裂進行修補。

## ◎ 負面情緒的不同發洩方式

負向情緒的調整，若從兩方面來分析，一方面是偏向「抑制」，而另一方面則偏向「爆發」。

也有不少事例是介在「抑制」與「爆發」的中間地帶，也就是以各種委婉或間接的方式來呈現。例如：

◆抑制：在面對事件時，心中感受到不愉快，卻仍努力掩飾自己的負向情緒，儘量讓互動對象看不出來，這便是「氣在心裡」或「忍氣吞聲」。

◆爆發：抑制的另外一端是爆發，直接宣洩出負向情緒，不加以掩飾。有的是大發雷霆，有的是淚水潰堤，可能混合著委屈、難過和憤怒等情緒。

◆介於爆發與抑制之間：在面對事件時，並非每一次都是忍氣吞聲，也並非每一次都是如此極端爆發出怒氣。許多情況經常是在兩極之間擺盪，而呈現出不同的面貌。舉例來說：

（1）「中斷溝通」：察覺到自己已發怒，因此及時中斷溝通，避免怒火延燒而難以收拾。

（2）「語氣強勢」：用冷靜但不滿的口氣，表達出自己內心的不悅，雖然口氣平穩，但是有不高興的味道。

（3）「冷處理」：透過不回應、減少互動頻率，阻斷彼此往來以表達不滿，這也是一種間接表達怒氣的方式。這種方式雖然不會導致雙方爆發衝突，但卻會讓一方感到不舒服。

（4）「旁人調解」：火爆場面有時候難以處理，這時候可以委請中間人協調處理，化解危機，這也可以避開衝突場面。

## ◎ 為什麼我們要壓抑或爆發？

◆避免懊悔

在憤怒時，你會提醒自己要冷靜下來，不要失控，最主要的原因是為了避免造成傷害。因為有時在盛怒之下，將會導致事後的懊悔與難以補救。

◆考量後果

之所以克制負面情緒，其實有許多的後果考量，例如我們擔心「惹來訴訟」、「破壞關係」以及「背後流言」等等。

而與同事之間的關係因為較長久，一旦有衝突，在同一職場會尷尬，所以最好不要產生不良關係。再者，一旦有衝突，現在爭一口氣，但在未來總是難保別人在你背面說壞話。考量長遠後果，你就會為自己留一條後退的路。

◆遵守倫理

有些人會堅持工作倫理，對於年長的同事會比較尊重禮讓，不會去據理力爭。而對於下屬，有些人認為當主管就是要成為好榜樣，不要動怒生氣。

◆同理體諒

也有人會認為對方情有可原，站在同理的立場，儘管對方做出令人惱怒的作為，自己仍能保持較寬容的態度，體諒對方。

◆個性修養

有些人個性較溫和，不喜歡和人有衝突，因此會克制自己的負面情緒，儘量不爆發情緒

◆專業成熟

有些人對於如何與討厭的人應對進退，已經累積了豐富的經驗，或者掌握了專業上的竅門，因此不會輕易動怒。

◎ 發洩與抑制，哪一種更傷神？

那麼，到底負面情緒的爆發與抑制，哪一種比較耗費心力呢？

理論上來看，當情緒勞動越大時，就表示工作者在情緒調整上所花費

的心力就越大。那麼是否抑制就比較勞心，爆發出來就比較不費力呢？

事實上也不盡然如此。儘管一般人總認為宣洩怒氣可以使情緒得到釋放，讓心情輕鬆不少，雖然一些情緒與健康的研究也指出，當個體越傾向於壓抑怒氣，越容易出現健康的問題。

表達的壓抑會增加負面情緒經驗，導致人際疏離，降低人際滿意度與親密感。

那麼如果壓抑也不好，為何人們還要忍耐呢？

我們說人際關係中的忍氣吞聲，是為了避免人際衝突的負面後果。在華人的人際互動裡，和諧關係是重要的，所以較會節制情緒以避免破壞關係。

研究中曾提及，華人不善於自我肯定，不敢表達自己的感覺與慾望，加上比較重視他人的觀點，希望表現出穩重成熟的特質，因而較會壓抑自我情緒，避免人際衝突。

## ◎ 可以發洩出怒氣嗎？

發洩怒氣可以緩和憤怒感受的狀況，是在發洩之後對方不會報復，或者在發洩之後有助於解決問題或改變對方行為的情況下進行的。

但是，在現實生活中並不是全然如此，當你在發火時，如果僵持不下，將可能會有怒火越燒越烈的風險存在。

一般來說，在表達怒氣之後，可能要耗費更多的心力來處理自己不減反增的憤怒感。就社交關係來說，不僅要為日後的人際關係憂心，說不定更要為自己一時衝動所造成的社會關係破裂進行補償，耗費更多的心力來收拾殘局。

這種心力的耗費，其實不見得小於克制負向情緒所需付出的心力。也

有研究指出，表達怒氣不見得一定就能減緩怒氣，反而可能增加憤怒情緒的強度。因此，發不發洩出怒氣是否有益於當下的場合，你可要三思。

## ◎ 不一味地發洩或壓抑

在維持人際關係之際，也不能一味地委屈壓抑，忽略與危害你的心理健康。

某些時刻，在忍氣吞聲之餘，也別忘了提供自己一個可以紓發情緒的的空間。若你需要表達情緒，則請儘量以傷害性較低的方式來表達怒氣，例如：暫時中斷溝通、保持冷靜等，學習建設性的情緒調整來轉化內心的不悅，如此才能有益於你的身心健康。

### Make you happy 維他命

**躲進祕密基地！**

想想，有哪些地方是能讓你覺得安心和放鬆的？當緊張或難過時，就在心裡找回這種感覺，盡可能地回想每一個細節，例如聽聽海的聲音、看看當時拍的照片。每當情緒低落時，就在腦海裡播放這些畫面。

# 34 不自覺的情緒勒索行為

若你一心只想博取別人的歡心，就會準備隨時妥協，而終致一事無成。

——英國前首相 瑪格麗特・柴契爾（Margaret Thatcher）

## Case Sharing

「如果你要離婚，就準備一輩子都見不到小孩了！」

「你再逼我考第一名，我就從現在開始曉課！」

「男人都是負心漢，我還笨得以為你是例外！」

「只要你幫忙我搞定這個案子，升官發財就是你的了！」

這些話應該不陌生吧？經常在我們的生活中不斷地出現。

許多時候，你想要對自己好一點，但是某些人的話語卻讓你覺得充滿了罪惡感；或者你經常逼迫自己滿足別人對你的要求，可是對方對你的犧牲竟然卻是無動於衷。

然而，最讓你傷心的應該是那些喜歡干擾你的決定，並且用這種手段勒索你的，竟然都是你最親密的父母、子女、另一半或者上司，讓你不管怎麼處理，都有可能為彼此的關係留下一些裂痕。

蘇珊・佛沃博士（Susan Forward）所寫的《情緒勒索》一書，談的是當人無法為自己的負面情緒負責的時候，他會以威脅或利誘的手法企圖掌控另一方、迫使對方順從，來達到自己的目的的一種人際上的情感關

係。

「情緒勒索者」的行為經常會造成混沌不清的誤解，因為他常會讓被勒索者感到「恐懼」（Fear)、「義務」（Obligation）和「罪惡感」（Guilt）。

情緒勒索者會為「施」與「受」訂定新的界限，他們會常強調自己的犧牲，以及對方的責任，所有正面和心甘情願的動機似乎全被「義務」和「責任」所取代。而身陷於這些感覺的被勒索者常會摸不著頭緒，找不到出路，就像陷在迷霧一般。

雖然情緒勒索的破壞性如此之強，但在人際溝通上卻是隨處可見的，尤其是和我們關係越親近的人，越容易相互勒索。

## BEST 這樣想比較好

情緒勒索，存在於每一個人，每一個家庭，每一種關係之中。只要有關係就有情緒，有了情緒便給了彼此勒索的機會，例如我生氣是因為我想得到你的關心，「勒索」便成形了。

每個人都不知不覺地掉進一種勒索的情境裡，以為別人用情緒來勒索自己，其實自己也在勒索別人，最後都會發現，真正勒索自己的，其實正是自己。

這些情緒勒索者（emotional blackmailer）了解我們十分珍惜與他們之間的關係，知道我們的弱點，更知道我們心底深處的一些秘密。不論他們多麼關心我們，一旦他們的目的無法達成時，他們就會利用這層親密關係來迫使我們讓步。

這類令人苦惱的互動情形常是造成人與人摩擦的主要原因，我們卻很少能明瞭其中的真正原因。因為我們常常誤以為只是溝通不良、個性不同、想法有落差……尤其是「軟土深掘」、「吃人夠夠」的狀況，那已經不是溝通不良、個性不同、想法有落差的問題了。

事實上，那是一方想要凡事都依自己的方式進行，因此不自覺地犧牲或忽視對方的感受、想法、甚至利益的行為。

因生氣而大叫、因悲傷而大哭，是一種尚可理解的情緒表現；而攻擊他人、威脅別人、自我傷害或哭鬧，則是令人擔憂或頭痛的行為。

這不只是溝通不良而已，而是在下意識中彼此的力量和權力在較勁。

例如一個小小孩就懂得用賴在地上哭鬧的方式來勒索（威脅）媽媽給他買玩具，而媽媽也會用打罵或恐嚇叫警察的方式來勒索（威脅）孩子、迫他聽話，可惜這種解決問題的方法都是無益有害的。

Medicine 處方箋

## ◎ 你被情緒勒索了嗎？

「情緒勒索」是控制我們行動的最有力形式之一，也許你我周遭的親朋好友也會在不自覺中使用一些直接或間接的方式來要求你達到他們想要的目的。

舉例來說，如果你發現在人際相處時，對方出現以下的行為：

◆試圖掌控你。

◆不理會你的抗議。

◆堅持他們在性格及動機上絕對優於你。

◆對於你們之間的真正問題採取逃避態度。

◆只求滿足一己之需而忽略你。

你就可能已經面臨「情緒勒索」了。

特別是，有些勒索者的原因是「為了別人著想」。因此即使傷了對方，他們也不會有罪惡感，因為他們認為正在幫助對方成為更好的人，對他人的舉動，都被他們合理化成「全都是為著你好」，這真是令人戒慎恐懼。

一旦「情緒勒索」出現在親密關係中，這段關係就會漸漸失去當初的單純，雙方甚至會陷入需求與被掌控的泥沼中而無法自拔。

具有情緒勒索行為的人一般也保持著某些非理性信念，例如：

◆他們都只為自己著想。

◆我不知道我該怎麼做，我才能得到我想要的。

◆從來都沒有人會關心我的需求。

◆不管我怎麼努力，都沒有用。

◆沒有人像我關心他們一樣關心我。

## ◎ 「情緒勒索」會出現的六個階段循環

（1）甲方要求（demand）→（2）乙方抵抗（resistance）→（3）甲方施加壓力（pressure）→（4）甲方威脅（threat）→（5）乙方順從（compliance）→（6）舊事重演（repetition）。

「情緒勒索」也會因人、時、地的不同，以不同的型態出現。

例如：

◆施暴型

積極施暴型：只要你一不順從，他們的怒氣就會直接向你爆發。例

如：「如果你現在敢走出這裡一步，就一輩子都不要回來。」

消極施暴型：不用言語表達他的感受，只擺出一張冰冷面孔就讓人擔心受怕。

◆自虐型

如果你不照著要求去做，他們就會藉由折磨、虐待自己來達到懲罰我們的目的。例如：「你要跟我分手，我就去跳樓。」

◆悲情型

這種人會出現某程度的演戲成分，他們會拐彎抹角地來增加我們的罪惡感，迫使我們如他所願。例如：「我還是早點死得好，免得拖了你們這些小孩分遺產的時間」。

◆誘使型

這種類型的人會提出一些我們嚮往的東西來誘使我們聽他的話，但卻沒人知道是否會實現。例如：「別急，等時機到了我就跟我老婆離婚，再娶妳。」

## ◎ 一個巴掌拍不響

情緒勒索是需要雙方配合的，只要我們不為所動，任何人使用任何方法也勒索不到我們。而依據統計分析，容易受到情緒勒索的人會有以下特質：

◆極需要別人的認同。

◆害怕別人生氣。

◆希望在任何情況下，都能維持表面的和諧平靜。

◆容易對別人的生活，負一些不必要的責任。

◆極端缺乏自信或經常懷疑自己的能力。

即使情緒勒索者已經達到了他的目的，但他卻不會因此獲得滿足與快

樂，因為對方給他的是出於心不甘情不願，甚至常是帶著恨的。

「情緒勒索」毀壞了所有人際關係中最可貴的親密、信任與愛，因為沒有真正的自由，就沒有真正的愛。

## ◎ 情緒勒索行為容易產生惡性循環

具有人際情緒勒索特質的人通常手段「高明」，他們能在關係互動中觀察到被勒索者內心的需求與渴望，然後再針對被勒索者所重視的一切進行剝奪或利誘。

雖然此類型的人似乎能看透被勒索者的弱點與在乎的部分，但是他們卻不會重視或關照被勒索者的需求，反而是利用被勒索者的需求及自己所觀察到的一切，進行情緒勒索的動作，以便維護自己在關係中的「控制感」、「重要性」、「被需要性」等不健康的價值觀。

同時，具有人際情緒勒索行為的人，都會出現「剝奪」對方重視與在乎的手段，也間接地讓對方產生「罪惡感」或「加害人」的幻覺，使得對方痛苦。

而不管是被勒索者被威脅的是無形的「關係」、「情感」，或是有形的「金錢」，他們也容易從一開始的反抗，到最後，採取讓步、順從的方式，以尋求人際情緒勒索者的認同，並期待藉此化解人際的衝突。

如此一來，更增強人際情緒勒索行為的出現，就形成惡性循環。

## ◎ 面對情緒勒索，你該怎麼做？

在人際關係中，有的人因職等、位階較高，做人處事都顯得強勢。有些情緒勒索者可說是天之驕子，他們未曾失去什麼，但卻總是想要更多。他們從不會承認自己有錯，一抓到別人的疏失就窮追猛打，甚至扣上道德的帽子。

當我們因為擔憂他人的反應而取消一些合理且符合自身利益的事情時，這種自我設限阻止我們做想做的事，此時我們便是在「自我勒索」。

當面對到這樣的情況時，你該思考：

◆堅持自己的原則。

◆坦然面對壓力。

◆給自己和對方設限。

◆讓情緒勒索者知道他們的行為是不可取的。

同時這麼做：

◆怎樣才算自私？何時我可以忠於自己的欲求與渴望？

◆我該讓步多少才不會感到悔恨和沮喪？

◆如果我屈服於情緒勒索者，是否違背自我？

情緒勒索是一種自私、任性的行為，只顧貪圖眼前私慾的滿足，而忽略了對彼此長遠關係的傷害。

一個成熟的人是能為自己情緒負責的人，在察覺自己情緒不穩的時候，應該先暫停溝通、去處理情緒，只有當雙方都不被情緒糾葛纏繞時、溝通的管道方能暢通，也才不會出現情緒勒索的問題，而達到「互敬互諒、彼此滿足」的雙贏結果。

當我們遇到有人向我們進行情緒勒索時，要能夠以「堅定卻溫和」的態度去面對。先用「同理心的傾聽」使對方感受到我們的關心；然後用誠懇的態度與他溝通，看我們能提供給他什麼幫助，而不是在他的恐嚇威脅下、任他予取予求。

## Make you happy 維他命

### 犒賞自己大餐！

　　犒賞一頓大餐的意義在於，你不只是能享受到美味的食物，還能讓你感覺自己好像得到了特別禮遇。當我們在得到與別人不一樣的照顧時，心情會不知不覺地變好。就像每個人的小時侯都可能有過類似這樣的經驗，父母特別為你買了一個與其他兄弟姊妹不一樣的漂亮的盤子，你會非常高興地吃下比平常更多的食物，這個特別的盤子使得你不愛吃的食物都變得美味起來。

# 35 你是否有好的情緒適應能力？

　　當你生活的某個環節才開始出現轉機，另一個環節卻土崩瓦解，這是舉世公認的道理。

—《BJ單身日記》作者　海倫・費爾汀（Helen Fielding）

## Case Sharing

　　有一位名叫雅芬的同學，她的膚色十分白皙，長髮披肩，就是那種班上都會有的安靜內向的女生。

　　一天，她主動找任課老師，提到自己不了解上課的內容，漸漸跟不上進度，而考試又在即，已經不曉得該怎麼辦了。老師安撫她，但也想了解雅芬究竟怎麼回事。

　　雅芬說自己也不清楚，但在找諮輔中心之後，發現自己的情況符合情緒困擾的敘述，最後才一不做二不休地鼓起勇氣來找老師請求幫助。

　　老師與雅芬談過之後，發現她有長期心情低落的情況，但還沒有想自殺的念頭，只是注意力無法集中，碰到問題，常難以做決定。同時，長期失眠，多少有影響到白天上課。吃不多，家境普通，父母也能滿足小孩大多數的要求，只是較沒有時間和小孩說話。

　　老師先就課業方面給雅芬一些建議，例如讀書的技巧、跟同學借筆記、提出課堂上的問題、請教同學唸書的方法等等。「老師，那些我都知道，可是做起來卻沒那麼容易……」雅芬似乎有著各種的理由讓她不能跨

出那一步，不論老師提出了什麼方法，雅芬都表示她了解，只是覺得對她來說有一定的困難……

## BEST 這樣想比較好

上例的個案為低落性情感問題，包括長期的心情低落，也沒有自殺的念頭，其他的狀況也較為輕微，當下未有明顯的壓力源造成她的憂鬱的狀況，考試壓力反而是促使她來求助的因素。

了解情緒的含意，並將情緒做適當的表達並不是一件容易的事，但仍然是一個學習的過程。

那麼我們要如何才能良好地表達自己的情緒呢？首先你必須同時具備兩種能力：

（1）對外界刺激具有情緒感受的能力。

（2）具備傳達自我情緒感受的能力。

也就是說，當你體驗到自己的情緒之後，要有辦法將自己的感受依當下的情境採取適當的方式呈現出來，如此才算是一個完整的情緒表達過程。

而具有「健康情緒表達」能力的人，在面對情緒問題的處理態度與方式是對自己情緒是負責的、是能良善回應他人的、是具有同理心、懂得站在對方立場著想的。

也就是說，能夠擁有健康情緒表達方式的人，基本上才是一個「情緒適應」的人。

## ◎ 學習覺察情緒與同理心

情緒可由如生氣、難過、快樂等正負面情緒所組成。

有時會發現有些人會被自己內心的情緒所淹沒、吞噬，而在外顯行為上則會呈現出暫時失去控制、喪失理性的行為反應。

自身情緒的發現有賴自己以「自覺」的方式來發現之，如此，自己才會不受自身情緒影響而降低專注力，並能賦予自己情緒穩定的功能。這也表示我們需要對於自己的內心情緒，投注大量且持續的觀察與注意。

所以，我們應多練習辨識「何種情境下，何種因素，會讓自己的心理起了何種變化或產生什麼影響」。

在人際溝通的互動過程中，我們除了需要聽見自己內在的聲音、需求之外，也需要具有敏銳觀察他人情緒感受的能力，進而能站在他人的立場著想。

換言之，越是具有同理心的情緒適應者，越能誠實地面對自己的內在情感，同時，也能進一步外推至觀察別人肢體與非肢體訊息所代表的含意，而其觀察他人需求、體察別人情緒的敏銳度也就能相對提高。

## ◎ 提升情緒管理與自我激勵

重點在於，了解情緒沒有好壞之分。當我們具備覺察自己情緒的能力之後，將能相對減少情緒干擾與被淹沒的情況，或是產生激烈、過度反應的行為，如此就能能幫助自己跳脫成為情緒奴隸的陷阱。

情緒適應者會考量當下所處情境、地點、時間等外在因素，來幫助自己做出客觀的判斷，選擇適當表達情緒的方法。換句話說，當我們能夠對

自身情緒有所了解時，才有機會發展與發揮管理自己情緒的能力，並進一步學習對自身情緒行為的後果負責。

同時，情緒適應者會彈性地運作自己的情緒，將負向情緒轉化成為激勵自己的正向思考，以及找出解決情緒問題的方法。從過去研究中發現，自我激勵和情緒適應成正相關，懂得自我激勵的青少年，其情緒適應的能力較佳。

同時，你的樂觀程度將會影響自己是否具有走出困境的能力；而所謂的樂觀，是指你對未來所持有的信念，相信當自己面對挫折、失敗等困境時，能夠認為事情會有逆轉的可能性，而且，也懂得用正向的語言來鼓勵自己。

反之，非持樂觀態度的人，會使自己降低對其他事物的興趣，而表現出冷漠、失望或是無力感等負面情緒反應。

## ◎ 具有人際關係管理的能力

要能有良好的情緒適應能力，我們必須要再加上具備處理他人情緒問題的技巧。

人際關係管理能力指的就是，能和他人能良好相處，並且了解自己的情緒表達對他人是具有立即性的影響性。同時，又能同理他人、敏銳感受他人的內心情緒與想法。

與人相處時能感到舒服、自在，並能有自信地表現自己及回應對方的情緒，甚至具備與他人一起共同面對所遇到的人際問題與情境的能力。

## ◎ 多累積成功的經驗

當我們自尊心低落，又沒有動機去做積極的事情時，若能解決當下的問題或者很快看到部分成效，就可增加我們的信心。即使是短暫的，但也

要鼓勵自己繼續下去。

　　當有所進展時，可適度讓自己沉浸在成功的喜悅，急著進行下一步會讓你覺得一直處在挫折當中。如果能多多享受這種感覺，也可增加自信。

## ◎ 給自己進步的時間與空間

　　改變一個人的行為是不容易的，給自己「時間」與「空間」，讓自己有彈性來面對情緒適應的問題。

---

**Make you happy 維他命**

### 💡 從事有趣活動！

　　尋找可以讓心情豁然開朗的有趣活動，例如看有趣的節目、影片，聽笑話等等，甚至是刻意地讓自己大笑，國外有所謂的「大笑團體」，經由這種方法，確實能增加體內「血清素」（serotnin）的分泌。

# 36 情緒會影響你的悲觀與樂觀

世上最美好的事物不可目見，亦不可膚觸，只能用心感受。

——美國教育家　海倫·凱勒（Helen Keller）

## Case Sharing

小咪和婷婷在茶水間對話，小佩經過了，小咪和婷婷立即停止對話。

小佩可能會想：「他們在說我的壞話，所以看到我，就停下來了，而且今天早上我又被經理在開會的時候臭罵一頓。所以，他們一定在竊竊私語的嘲笑我。」

如果小佩一直有這種猜忌心，那麼最後一定會嚴重破壞了與同事、家人的人際關係。這就是為什麼人們會變得更冷漠、更消極的關係，其實就只是因為怕受傷而在自己的情感上抹上一層保護色。

如果這時候，淑美也經過了茶水間，小咪和婷婷同樣地也停下了他們的對話。然而淑美根本不在意小咪和婷婷的反應，而是興沖沖地跑過去加入他們的對話。她完全不設限地加入談話，因為她的反應是：她很高興可能會聽到有趣的事情。

因此，你的情緒必定會影響你悲觀與樂觀的看法。反過來說，只要改變情緒就能阻止所有壞的事情變得更壞、而讓好的事情變得更好。

## BEST 這樣想比較好

我們有時候並不太了解自己為什麼生氣，更何況要明白為何老公或老婆突然之間為什麼不高興了；或是為什麼今天在辦公室就一切不順，老是有同事、老闆找你麻煩。如前述，情緒這件事其實可大可小，你了解它，一切就很順利；你忽略了它，就有可能會積壓成疾，造成將來後悔的結果。

如何與自我的情緒對話，重要的關鍵在於了解情緒背後所隱藏的暗示語言。如果情緒就像一棵樹，你看到了樹幹、樹枝、樹葉，但是你看不到地表下的盤根錯節的樹根。也就是情緒表面上看得到的喜怒哀樂你感受到了，但是隱藏在情緒背後的自卑感、罪惡感、負荷不了的沉重感等情緒你卻看不見，這讓我們必須更注意內心真實的情緒反應。

Medicine 處方箋

## ◎ 想像情緒就像一棵樹

想像一下，如果情緒就像一棵樹，過去所發生的事情（不管好的或是壞的）盤根錯節的形成樹的根部，然後衍生出你的信念（樹幹），信念衍生出想法（枝椏），進而產生了情緒（樹葉），這些都影響著你的行動，讓你產生好或不好的結果。這就是在美國推廣EFT的歐特納夫婦（Nick, Jessica ortner）所著作的《EFT情緒療癒——十分鐘情緒排毒敲打操》一書中所提出的「情緒樹」概念。

當你將情緒排毒了，就可以把錯誤的信念修正，讓好的想法源源不

絕，進而產生好的情緒，而好的情緒產生好的能量，一切好的結果就被你吸引過來。這時候，吸引力法則就會產生大大的正面效果；反之，如果你繼續錯誤的信念，壞的想法就會吸引來壞的人與事，吸引力法則就成為你負面的幫手了。

## ◎ 提升你的生活的深度、廣度

而培養高EQ最好的方法，就是要過上比較有深度及廣度的生活，例如可多閱讀、增加知識內涵，或是在宗教上提升心靈的追求、思想的提煉等，以提升生活的深度，也可選擇一些心靈課程，來開拓內心與想法。

記住，要讓生活不只有單一面向，要有多一點的人際接觸、與他人有多一點的互動關照，提升積極有用的人際關係，例如結交知心好友、良好的伴侶及子女等家庭關係，都能對你有所助益。

### Make you happy 維他命

#### 能成為回憶的事優先！

例如，如果必須在買一輛新車，和全家外出度假旅行之間做選擇，那就收拾行李吧。即便是最酷、最炫的跑車，時間一久也索然無味；但是和摯友以及你所愛的人共度美好時光，記憶會延續到永遠。

## 自我測驗　　生活上是什麼讓你不快樂？

　　平時看起來樂觀開朗的人，私底下是否也一樣地正面向上？還是在外展露的一切都只是一種武裝？思考一下，你是否經常沒有原因地感到憂鬱，卻不知道原因為何？以下的測驗或許可以幫助你。

**1** 親朋好友都認為你是個完美主義的人？

　　YES→前往Q2

　　NO→前往Q5

**2** 遭遇到挫折時，就會想著先逃避再說？

　　YES →前往Q6

　　NO →前往Q3

**3** 朋友們總當你是諮商老師，經常詢問你的建議為何？

　　YES →前往Q7

　　NO →前往Q4

**4** 你覺得身邊朋友們的運氣都比你好？

　　YES →前往Q8

　　NO →前往Q6

**5** 你覺得自己的外在條件還算不錯？

　　YES →前往Q9

　　NO →前往Q6

**6** 你是標準的外貌協會會長，長相抱歉就會拒絕追求

　　YES →前往Q7

　　NO →前往Q10

**7** 你只要進入工作模式，就很容易會忘記其他事情？

　　YES →前往Q10

　　NO →前往Q11

**8** 你知道在職場上全身而退的方法？

　　YES →前往Q11

　　NO →前往Q12

**9** 朋友總把你當垃圾桶來抒發情緒？

　　YES →前往Q14

　　NO →前往Q13

**10** 在職場上你是就事論事的人？

　　YES →前往Q14

　　NO →前往Q9

**11** 你只要住外面就會睡不著？

　　YES →前往Q12

　　NO →前往Q15

**12** 對於際遇比你好的朋友，會覺得有些吃味？

　　YES →前往Q15

　　NO →前往Q16

**13** 你覺得和人辯論也是生活樂趣之一？

　　YES →前往Q18

　　NO →前往Q17

**14** 你覺得走路內八的人比走路外八的人看起來有氣質？

　　YES →前往Q18

　　NO →前往Q15

**15** 你對於很多生活上的實用資訊都很有興趣？

　　YES →前往Q19

　　NO →前往Q16

**16** 你的朋友不多，但都是願意拔刀相助的好友？

　　YES →前往Q19

　　NO →前往Q20

**17** 你只要肚子一餓，就很容易會頭昏眼花？

　　YES →前往Q21

　　NO →前往Q22

**18** 比起冷盤來說，你比較喜歡吃熱食？

YES →前往Q17

NO →前往Q23

**19** 你經常因為說話太過直接而得罪人？

YES→前往Q23

NO→前往Q24

**20** 你習慣外食，自己煮飯的次數寥寥可數？

YES→前往Q19

NO→前往Q24

**21** 你無法一天之內都不看新聞或者不上網？

YES→前往Q25

NO→前往Q26

**22** 為了玩樂，要你熬夜一整晚都可以？

YES→前往Q26

NO→前往Q21

**23** 你經常看電視購物台，卻從來沒購買過？

YES→前往Q27

NO→前往Q24

**24** 你覺得八卦雜誌其實還蠻好看的？

YES→前往Q28

NO→前往Q26

**25** 一到假日你只想宅在家裡睡覺？

YES→前往Q26

NO→A型

**26** 你很能討長輩或小朋友的歡心？

YES→C型

NO→B型

**27** 如果有機會，你還會想去唸書進修？

YES→D型

NO→C型

**28** 如果沒有壓力，你會想搭哪一種交通工具去旅行？

搭火車→E型

搭飛機→前往Q27

解 答

● A型的人 ⋯⋯⋯ 【金錢】

金錢是你煩惱的來源。帳戶裡沒有足夠的金額，是你不開心的原因，你經常擔

心錢不夠用。或者你明明是存款驚人，卻老是擔心退休金存得還不夠、還有哪一筆需要花費。儘管EQ頗高，但還是無法不煩惱。

解決方案：

這種來自於財富方面的恐懼與不安全感，你要清楚財富的多寡不等同於快樂的唯一指標。曾有一份有趣的研究統計報告指出，一個人快樂與金錢間的關係，約可以年收入八千美金（約台幣三十六萬）為象徵指標，也就是快樂程度會隨著接近此指標而攀升，但超過此界線後，便會逐漸下滑，甚至出現過於患得患失的現象，導致生活品質或內心快樂指數變差。

建議可透過培養個人興趣，來改善內心的不踏實，例如游泳、跑步雖然這些方式看似老土，卻能有效降低內心焦慮或不安情緒，且也可透過理財課程，加強自身理財能力，多接觸善於理財的專業人員，都將有助於你從中解套。


## B型的人 ⋯⋯⋯ 【工作】

工作，幾乎已經占去你的所有時間，不論是已經失業，擔憂找不到工作，還是於職場上打滾，擔心工作表現不佳等，過分期望能受到他人的讚賞或器重，所以一旦不順心或被裁員、減薪，便頓時失去對自我的信心，出現一振不起的樣態，什麼事情都無法讓你再開心起來！

解決方案：儘管工作與財富的累積有著密不可分的關係，但是多數對於工作不開心的原因，並非取決於薪水收入，而是能否從中得到成就感的滿足，不管做什麼事情，成就感都能激發一個人向上且努力，能於其中找尋樂趣很重要。

另外，還需釐清職業並不能決定個人的價值與身分，常有人會以傳統階層的重要性，作為評斷個人的唯一指標，為求有漂亮的工作經歷，反而出現無法接受或熱愛自己的情形，所以建議要嘗試培養你的休閒身分，開發不一樣的自己，學習喜愛自己，這才是你該必修的快樂學分。

## 🔍 C型的人 ⋯⋯⋯⋯ 【家庭】

家庭是你的生活重心，若要你在家庭與事業之間擇一，家庭絕對是優先選擇。與家庭成員的關係，往往是你所有力量的來源，一旦出問題，便會立刻陷入愁雲慘霧，且受影響程度也會較一般人來得多。

解決方案：家人間的親密關係是否良好，影響人快樂指數高低的主因，俗語說得好，家家有本難唸的經，懂得珍惜與付出，是學習與家人和諧關係的重點，尤其是否具有自我支持與調解情緒的能力，多是從小於家庭中養成，所以學習感激，不但將有助於維繫家庭生活的愉悅度，還能強化對外界人事物的抗壓能力。

若遇爭執或被爸媽、另一半管束時，試著以第三者的角度，每天條列化寫下值得感激或開心的事，不論是對家人、朋友，還是自己，在睡前重新看過你寫下的事，練習態度樂觀，一段時間之後，你將會發現，當從不同角度來看待事情時，結果、快樂的感受都將大不相同。

## 🔍 D型的人 ⋯⋯⋯⋯ 【愛情】

職場上，你是人人眼中幹練的女強人，偏偏感情卻是你的死穴，雖然你有時也想當個被好好寵愛的小女人，但能被你看上眼的男人少得可憐，或是你愛的人總不懂得欣賞你。

解決方案：從古至今，相信沒有人不曾身受過感情的困擾，然而究竟該如何從感情的牢籠中掙脫，讓它也能成為你快樂的來源？其實別無他法，唯有懂得喜歡自己，因為通常感情出問題，不論原因是自己還是對方，只有清楚自己要什麼，充滿自信有安全感的女人，才能夠充容不迫地解決。

所以不妨靜下心，重新檢視問題關鍵，甚至可利用角色扮演，以第三人的角度去觀察，將有助於瞭解事情本質，尋求理想的解決之道。另外，學習愛情保鮮計畫，也是一種維繫感情的方式，每天三次，一次三分鐘，以肢體表達、言語溝通，讓對方清楚知道你的關心，更是擁有長久愛情的好方式。

## E型的人 ┈┈⋮⋯ 【人際關係】

「以和為貴」是你的處事態度，你希望大家能夠和平相處，但如果你在乎朋友的感受勝過於自己，那麼就會出現被惡人吃定，不時攻城掠地，逼得你很哀怨，又只能咬牙忍耐，時日一久會使你罹患重度內傷。

解決方案：很多時候，與朋友、同事、家人間互動關係得到的喜悅感，往往大過擁有百萬財富，因為沒有人可以獨自生活，且因每個人都有自由意識，千萬不要期待別人會如何改變，或是要掌控別人，就算你能夠限制他的行為、時間，但也絕對無法改變他內心思想的運作。

那麼究竟該如何進入一個團體，或者是結交真正的好朋友呢？方法很簡單，就是清楚自我揭露、傾訴與關心，首先對周圍朋友，產生極高的好奇心，然後將你所認識的人，作小小的等級分類，找出與你溝通較良好的對象，主動關心、傾訴，自然能提高和他人內心的共振，此外，練習自嘲的能力，別因過度在意別人的評價，而極度沒有安全感，勇於承認自己的缺點，甚至偶爾可無傷地開開自己的小玩笑，久而久之，你會發現不一樣的自己，在人群中能更開心、有自信。

# Health
# Quotient

**37** 別執著：人生就像大雁過河

**38** 你的易怒是生病了嗎？

**39** 保持健康身心，盛怒不開口

**40** 如何改善壓力對你造成的影響？

**41** 心理影響生理的特徵

**42** 身體也需要進行情緒排毒

自我測驗 你的情緒是否健康？

HQ

# 健康商數

計較太多的人，通常失去最多

HQ

*Health Quotient*

# 37 別執著：人生就像大雁過河

放下我執、我見，就能原諒別人曾經如何對待「我」。

——靜思語

## Case Sharing

中國曾有個極其著名的中醫師，名為謝子衡。他是國家級的老中醫專家，從醫近七十年，醫人無數，臨床經驗極為豐富。

謝子衡從小就聰明過人，熟讀中醫經典，據說十九歲時便拜於京城四大名醫之一的汪逢春門下（四大名醫分別是蕭龍友、孔伯華、施今墨、汪逢春），多年的侍診左右，讓他習得了汪氏醫派真傳。

九十三歲時，他仍精神奕奕，思緒敏捷，維持著每天半天的門診、大約十幾個人的數量。我們很難想像，一個九十多歲的老人家還能這樣工作，但這位名醫卻以「成癮」來解釋自己的「工作狂」心態。謝子衡的兒子謝涅接受採訪時說道：「父親從醫七十多年，幾乎沒有停止過為病患看診，因為病患的身心健康是父親心裡最大的牽掛。」

許多人都會問謝子衡有什麼養生的訣竅，而這位名醫只是悠悠地說：「人生就像大雁過河，當一隻大雁飛到這條河的時候，河水上面會有影子，可是呢，你等到大雁飛過去了，河水上面就什麼都沒有了。這就是說，當有事情的時候，你的心就會執著於那件事上，當事情結束的時候，你的心就能再度重見天日，這是一個不變的道理，你不要小心眼地過日子。」

「不鍊金丹不坐禪，不為商賈不耕田。閒來寫就青山賣，不使人間造孽錢。」謝子衡一直將明朝唐寅的這首詩當成自己人生的座右銘，如此的清心淡泊就是他的生存之道，也是他一輩子的養生之道。

## BEST 這樣想比較好

我們都知道，人生許多事都可分成兩種：一種是已經發生的；另一種是還沒發生的。

每個人都知道，已經發生的事情不可能改變，也因此不需要再難過，只是多數人都很難做到如此。

而還沒發生的事情又可以分成兩種，一是「現在的行動能去改變的」，二是「怎麼樣都無從去改變的」。

那些無從去改變的，你不需要執著；那些還能去改變的，你不要留下遺憾。追悔過去，只是多浪費你的時間精力；憂思未來，只是讓你忘記更重要的當下，因為當下可以讓你改變未來。

## Medicine 處方箋

### ◎ 不執著，懂得放

一天，一個信徒來到廟裡，他雙膝一跪，哭著向神明問道：「神啊！為什麼你忍心給我這樣不順遂的命……」

一時半晌，神像巋風不動，廟堂裡只靜靜迴盪著男子的啜泣聲。

此時，門外一位方丈停下腳步，淡然地說道：「不悲傷過去，不貪心未來，眾生，活在當下；命，由此安詳。」語畢，腳步聲遠去。

一般人不快樂的原因，除了生活上的各種壓力之外，通常還會有對自己過去的錯誤作為的後悔與對自身未來的擔憂，這些都會讓人無法真正放鬆。

然而，你只要這麼想：人非聖賢，總有七情（喜、怒、哀、懼、愛、惡）六慾（眼、耳、鼻、舌、身、意），只要你願意試著修正那些太過執著的心眼兒，就能從自我的痛苦循環裡解放。

人生是一段不斷修行的過程，在這過程中，我們必須學習改變這種樣樣執著的個性。否則，什麼都要「撿」來背在身上，你可受得了？

所以，你經常可以聽到那些固執不願改變的人，在經歷一場疾病之後，就明白了什麼才是人生的真道理。

## Make you happy 維他命

### 💡 我超好！

世間無完人！人總是習慣和別人做比較，不論是比外表、比工作、還是比身價、比伴侶，然而你需要接受一個事實，那就是——世界上沒有一個人是樣樣好的。他比你好，你也很好，現在就對自己說一聲：「我超好！」

# 38 你的易怒是生病了嗎？

憤怒，是片刻的瘋狂。無論你怎樣地表示憤怒，都不要做出任何無法挽回的事來。

——英國散文作家 培根（Francis Bacon）

## Case Sharing

劉伯伯心情好的時候待人和藹可親，但是附近的鄰居都知道他總是喜怒無常，一點兒小事就能讓他抓狂，而且生起氣來可是誰都攔不住，住在這個社區的孩子都曾被告誡過要離劉伯伯遠一點，以免「掃到颱風尾」。

說到劉伯伯的不良紀錄，十幾年的老鄰居王媽就嘆了口氣說：「他啊，聽說買東西的時候店員少找了二十元，老劉就以為店員在欺負他，二話不說就拿起酒瓶往人家身上砸。去餐館吃飯，剛好晚餐時間，多等了十幾分鐘，服務生才一來送餐，他竟然就翻盤子不吃了！更別說他開車時怎麼著，我看劉嫂也是可憐得很哪！」

「老劉只要一發火就會開始罵人、丟東西，甚至和人打起架來也在所不惜。他的反應都是那幾種，我沒看過他開玩笑，也很少聽到他稱讚什麼人、什麼事，但是只要不順他的意的事情，他就會用發脾氣或罵人來解決！他在當下很難控制自己，但是劉嫂又說其實老劉事後都會後悔，只是在情緒激動的時候，他就聽不見別人的聲音。」

當劉伯伯碰到生活中不順遂的事情時，保護自己的方法永遠只有一種，那就是——發洩在別人身上。

生氣，是一種敵意和憤怒的心態，每個人都會有自己的脾氣，這是當我們的主觀願望與客觀現實相悖時所會產生的正常的情緒反應。

然而如果長期以來你發現，同樣一件事，其他人沒有太大的反應，只有你氣到抓狂，而且已經出現很多次對衝動無法控制的現象時，你就要特別注意自己是否有所謂的衝動控制障礙，也就是——「間歇性狂暴症」（Intermittent explosive disorder）了。

「間歇性狂暴症」的特徵在於，會出現「突發性的攻擊衝動」，在沒有發作的時候，你不會看到他有明顯的攻擊性與衝動。

然而在發作時，他們無法抗拒這種衝動，因此會造成嚴重的傷害或財產的損失。此外，這種症狀並不是因為有其他精神疾病（例如精神分裂、注意力缺失）、身體問題（例如頭部曾受過傷），或者藥物因素（例如吸食安非他命）所造成的。

「間歇性暴怒症」的患者，平常不像是有疾病在身的樣子，失控行為不會一直出現，只會一觸即發。

而台北醫學大學醫院的精神科醫師李信謙表示，人對於壓力的反應，通常是「打」或者「跑」擇一，打不過就只好跑開，所以，回擊也是一種直接的反應，很多的攻擊行為，都與壓力等反應有關。

因外在因素所導致的暴怒衝動太強時產生的攻擊行為，有時並不只是對他人，也可能發洩在自己身上。例如當壓力發生時，因不願意攻擊他人，便將無法發洩的衝動轉向自己，而會做出割手腕等自殘行為，必須要注意。

## ◎ 找對你易怒的真正原因

你平常容易發脾氣嗎？多半是因為什麼原因呢？試著自我檢視，只有找對源頭才能知道如何從根本來解決。

（1）心理方面

◆堅持自己的想法和做法。

◆累積對人事物的不滿。

◆承受外界或他人的限制或壓力。

◆個人利益受到損害。

◆個人自尊受到損害。

（2）生理方面

◆肩頸酸痛，四肢脈絡不通。

◆身體原先就患有病痛。

◆女性於生理期期間。

（3）日常方面

◆忙碌的時候。

◆肚子餓的時候。

◆疲累的時候。

◆工作、感情、親情不順心的時候。

◆食用蔥、薑、蒜等五辛；食用油炸、燒烤類食物。

（4）環境方面

◆住家環境不良：例如臭味、噪音。

◆空間佈置不當：如動線不良、色系太強烈不舒服。

◆宇宙星辰：月亮於朔望期間，容易干擾人的情緒。

◆天候季節：雨天令人煩悶；秋天令人憂鬱。

## ◎ 練習煞車──等等！再等等！

當你隱忍許久的情緒火山即將爆發時，先對自己說：「等等！再等等！」冷靜思考一下此時發脾氣是對別人有好處？還是對自己有好處？如果都沒有，趕緊再對自己說：「等等！再等等！」想辦法找出一個讓自己不會後悔的處理方法。

這種時刻最為艱難，因為也最為重要！因此我們要練習用「煞車」這一招來提防自己失控，提醒自己想好再行動，如此也才能大幅減低做出日後追悔不及的決定。

## ◎ 離開讓你即將失控的環境

當火氣上來的時候，如果你並不是那種能及時讓大腦冷靜下來的人，那麼請你趕緊迅速地離開這將使你發怒的環境，因為再待下去，你只會對這些早已看不慣的人事物越看越火，甚至恨不得可以像支機關槍朝他們掃射一番。

這種時候簡單找個理由，無論去洗手間、去抽菸、去買咖啡都可以，只要能讓你從這種場合裡脫身的，都是好理由。一旦能遠離那一觸即發的戰場，你就會發現，自己似乎已經隨著場景的變化而重新冷靜下來了。

但是如果因為外在環境的關係而使得你經常失控發怒，你就必須考慮換個環境，例如，換個工作、換個學校等等。即使捨不得，但如果一直影響個人的情緒、每天生活在憤怒當中，就必須要考慮是否值得這樣下去。

## ◎ 承認易怒，練習抹去成見

如果你就是那種燃點很低、隨時都會被引爆的那種炸彈人，那麼，請你勇於向周遭的人承認自己愛發脾氣的缺點。這可以在你即將失控亂炸一通的時候，讓別人願意提醒你、幫助你，甚至於包容你。如果你身邊的人能經常地「監督」你，那麼久而久之，你一定能有些許改善。

同時，你可以重新養成正確的情緒管理心態與提升自我控制的能力。你應該要練習將心比心，當遭遇到不順遂的事情時，也應該先不帶成見地讓對方解釋、說明，而不是只想先做出反擊，剝奪對方去解釋錯誤、或者是雙方能調解誤會的機會。

## ◎ 易衝動的人，戒酒、戒藥

容易因為外在原因導致衝動的人，如果有酒癮或者藥癮的話，就必須戒酒或戒除藥癮。如果沒有酒癮或藥癮，但是每次暴怒或引起衝突都與此有關，就可能患上了名為「間歇性暴怒症」的心理疾病，最好向精神科醫師諮詢，尋求協助與解決之道。可以透過抗抑鬱藥加上長期的心理治療，就可有效治療，改善未來可能出現的失控行為。

**Make you happy　維他命**

### 多吃菜！

從日常飲食開始減少吃肉，多吃青菜水果和雜糧。肉類過量，容易使人煩躁，因肉類含有大量動物蛋白，會使腦中的色氨酸減少，導致人有侵略、憂慮和好鬥的傾向。若是清淡飲食，心情會比較溫和。

# 39 保持健康身心，盛怒不開口

　　遇到事情時，理智的孩子讓血液進入大腦，能冷靜地思考問題；野蠻的孩子讓血液進入四肢，大聲哭泣，舉止衝動。

——美國諺語

## Case Sharing

　　有一位知名的大學教授，不但以顯赫的學術成就享譽社會，他的修養與待人處事，更是深獲好評。

　　有天，一名學生問他：「老師，您為什麼脾氣那麼好？難道您都不會生任何人的氣嗎？」教授回答：「當然會啊！但是我有一個習慣，那就是當我已經在生氣時，就絕對不會開口說超過三句話！」

　　學生摸摸後腦杓問：「這有什麼關係嗎？」教授笑著又說：「當然有關係，因為一個人生氣時，往往會失去理智、意氣用事，這時候說出來的大多是『氣話』，甚至是『錯話』、『髒話』，不免壞了事！所以，為了不讓怒氣壞了正事，在生氣的時候，我寧可克制自己少說話，也不願意說錯話。」學生頓時恍然大悟。

　　就像上述中的教授所說，人在生氣的時候，多半是說不出什麼好話的，與其等到傷了人，誤了事，賠上了自己的名聲之後再來後悔，不如聰明一點，當下就選擇默然不語。

　　我們不妨學習這位有先見之明的教授，「盛怒之時，絕對不開口說超過三句話！」就可以有效訓練我們的情緒。

BEST 這樣想比較好

　　這裡要談的健康商數（Health Quotient, HQ）代表一個人的健康智慧及其對健康的態度。像智商（IQ）、情商（EQ）一樣，HQ也是一個人的特徵之一，但是與構成智商的特點不同的是，HQ不是先天決定的，因為教育、認識、毅力和情商都可以提高一個人的HQ。而一個人的情感、心理狀態以及生存環境和生活方式，也都可以對其健康產生直接影響。

　　通常認為，HQ由五個要素所組成，即「自我照顧」、「健康知識」、「生活方式」、「健康心理」和「生活技能」。

　　◆自我照顧：指在日常生活中自己照顧自己的健康，透過健康的生活方式、樂觀的信念和對自己身體自我康復力量的認可來防治疾病，將機體調節至最佳健康水準。

　　◆健康知識：指學習和掌握健康知識。一個人對健康知識知道得越多，就越能夠對自己的健康做出明智的選擇。掌握健康知識，是擁有高健商的前提。

　　◆生活方式：指與一個人的生活、價值觀以及情感友誼有關的生活習慣。健康的生活方式對自我健康的保護十分重要。

　　◆健康心理：指要有一個健康的心理狀態，以保持樂觀愉快的好心情。

　　◆生活技能：指透過重新評估你和環境，包括工作和私人關係，來改善你的生活技術，從而掌握健康的秘訣和方法。

## ◎ 先冷靜，後理性，再溝通

據溝通專家的研究，人際關係的衝突其實到最後都是「面子問題」，而不是「是非問題」。在氣壞身體之前，所有的問題都不是在爭論對與錯，也不會以好的結果來思考如何去相互合作，而是先計較對方「你為什麼這樣做？」、「為什麼每次都是我配合你，不是你來配合我？」

因此，有效溝通的第一個原則就是「先冷靜，後理性」，也就是先安撫對方的情緒，當然自己的情緒要能先掌控好，再用理性的方式溝通，以達到雙贏的結果。

## ◎ 當你憤怒時，記住此時悲傷的感覺

在快要發脾氣的時候應該要先強迫自己冷靜下來。

著名的《最後十四堂星期二的課》書中提到：「當你憤怒時，記住悲傷的感覺，然後對自己說：『沒錯，這就是憤怒，我現在要忘掉它』。」生氣的時候不要失去理智，先看看周遭，然後想想自己為何生氣？這件事又值不值得生氣？久了之後，你就明白憤怒的表現是什麼，又是什麼感覺？要怎麼做才能有效解除怒氣？你就不會經常被情緒所掌控行為了。

## ◎ 找對榜樣來模仿

榜樣的力量對你來說可以是無窮的。你身邊有這樣HQ好的人嗎？你可以將他當成自己的目標，看看他怎麼待人處事，或者直接詢問他保持健康身心的秘訣，如此，不知不覺中你就能漸漸改善自己的脾氣、提高自己的HQ指數。

## Make you happy 維他命

### 音樂讓你好心情！

情緒低潮或高漲時，聆聽美妙動人的音樂可使你心情變得愉快。如果你的情緒極度低落，便可從輕柔的曲子開始平復心情，接著逐漸改變樂曲的節奏，不要一開始就聽很開心高昂的音樂。

# 40 如何改善壓力對你造成的影響？

事情本無好壞，只緣於觀點不同。

——英國劇作家　莎士比亞（William Shakespeare）

## Case Sharing

　　從古到今，人們為了因應生活中不同形態與改變而面臨了各種不同的壓力，壓力除了為現代競爭壓力下的人們帶來困擾外，同時也是促進人們進步的原動力，因為有了壓力，也讓我們能有今日多采多姿的世界。

　　然而在壓力之中，卻有許多人使用了錯誤的抒壓方式：

　　（1）自我防衛機制：選擇採用不去面對事實的一些方法來避免遇到自己不想預見的事情，例如：拒絕承認事實的真相、找藉口來合理化自己的行為、將自己的缺點或欲望投射於他人身上、訝異自己的情緒、幻想、轉移原先不滿的情緒至較無抵抗力的人事物上等等，可暫時讓面對壓力的個體獲得解脫，但卻可能在長期使用下導致個體更無法面對現實的情形。

　　（2）抽菸、濫用或增加酒精的使用：在短暫時刻的確可以讓個體免於壓力的環境之中，但在清醒過後，仍較無助於解決實際的問題。

　　（3）咖啡因的使用及藥物濫用：在使用這些物品期間，可讓個體於使用過程中暫時感覺到壓力的抒解及放鬆，但並未真正幫助解決問題的源頭，而且可能會影響身體的健康。

　　（4）過度沉溺於工作或活動：若壓力的來源來自於工作場合或課業

之外，採用此種方式可暫時免於面對壓力的源頭，但在長久使用之下，依舊無助於壓力的解除。

（5）吃過量的食物：有些人會藉由吃的滿足感而從中獲得暫時的愉悅感，但也僅是暫時性的舒緩方式，並無法解決壓力的問題，長久下來也可能會對身體造成健康上的負擔。

## BEST 這樣想比較好

「壓力」(stress)一詞是源於拉丁文的「stringere」，意思是「拉緊」或「緊拉」。最早用在物理學與工程學上，係指將充分的力量用到一種物體或系統上，使其扭曲變形。加拿大醫生漢斯（Hans Selye）認為，壓力是身體對於加諸其上的任何要求，所做出的非特定反應。

在近代社會中，由於科技的進步加上資訊的取得越來越容易，許多產品週期也較以往縮短，因此在面對到不同競爭情形下，加諸於現代人身上壓力也常會讓人喘不過氣來甚至導致一些不同於日常生活的行為舉止，例如上班族的工作、學生要面臨的考試及同儕的競爭，也因為要求的標準的提升而更讓人發覺「無形壓力」造成有形生活上的影響更為明顯，如何處在現代社會中克服並面對壓力對個人所造成的影響，也是現代人生活的一大課題。

每個人在面對壓力時，由於生理狀況、心理特質、認知、期望等的不同，面對同樣的壓力卻產生不同的因應方法與狀況，有的人可以樂觀的方式面對，但有人卻會以較為悲觀的想法來看待同一件事，採用積極樂觀態

度來面對及處理所遭遇的壓力對個人較不會造成重大的負面影響，但因不是所有人都會採用前述方法來解決壓力的問題，以下分享面對壓力時的積極因應的做法。

◎ 減少不必要的壓力因子

　　對於造成壓力的來源中，選擇出較不重要的事情加以割捨，讓自己承受較為合理的壓力。

◎ 對事情有合理認知並增強解決問題能力

　　讓自己能不排斥從一些其他場合學習解決其他事情的能力，對於處理時也給予適當的期待並接受可以犯錯的空間，適當的追求完美的確有助於事情的完成，但若因此而藉由自我批評而讓自己陷入惡性循環當中，則無助於解決問題，採用一些較為樂觀及正向的想法，也可免除不必要的壓力，使自己情緒較為正向及健康。

◎ 培養健康的生活習慣

　　均衡的飲食及充足的休息與睡眠可讓人在生理方面更為健康，也能讓人在遭遇壓力時，能有更充分的體力及精神來面對，而妥善的安排生活，除了不會讓每天處於緊繃的狀態之下，生活中具有彈性，也較能處理突發狀況並面對壓力。

## ◎ 有效的時間管理

排出日常表，將事情緩急輕重分清楚，重視時間運用的效率而非使用的多寡，重視少數重要及緊迫的事的順序，減少因為花費較多精力解決次要的事，卻忽略重要事情所帶來的困擾及壓力。

## ◎ 建立並善用社會支持網路

在社會中，除了個人外，短期內面對到可能無法立即走出的情境時，也可由周遭環境的協助來幫忙走出原本的困境，在不同觀點看待的同一件事下，或許也能找出原本處於壓力下個體的盲點，並幫忙走出難關。

要能妥善處理壓力並非易事，但處在現代生活中，想要從生活中逃避壓力幾乎是不可能的事情，壓力可能對同一個體可能造成正向，也有可能造成負向的影響，既然如此，選擇接納及接受壓力並學習如何調適，也能幫助我們了解到不同事物，並走向更寬廣的未來。

---

**Make you happy 維他命**

### 甩開負面想法！

如果你因個人情緒低落而無法去做什麼事，那麼就不必將它和他人商議，以免更引起他人注意而使你痛苦。當負面的想法一進入你的腦海裡，立即轉念想想其他的事。

# 41 心理影響生理的特徵

所有的感情在本性上都是好的，我們應當避免的只是對它們的誤用或濫用。

——法國哲學家　笛卡兒（Rene Descartes）

## Case Sharing

　　有一名四十多歲的林太太，她的性格內向且行事謹慎，日前才發現罹患了大腸癌，在動完手術之後，她覺得自己經常出現精神不濟、容易疲倦、吃不下也睡不著的症狀。

　　雖然一開始醫生診斷的結果是癌症初期，在手術之後做的檢查結果也都是顯示恢復良好，但林太太其實心裡一直都沒有相信醫生、甚至周遭人說的話，即便是已經回家療養，也依然整天眉頭深鎖，大門不出、二門不邁，哪裡都不想去。

　　日子一久，因為自己的身體還是不像以前一樣地有力氣，還動不動就感冒，林太太心想自己的癌症並沒有真的治好，而是家人和醫生怕她難受而一起演一場戲欺騙她。過著每一天猜疑的日子，林太太覺得人生已經沒有意義，甚至考慮與其痛苦地死去，不如先自我了結還比較痛快。

　　在子女發現母親的異狀之後，便勸導式地將她帶到精神科看診。幾次看診後，林太太終於逐漸敞開心房，也相信了自己的癌症的確已經治療完成，接下來只要每年定期追蹤即可。在學會了如何在家自己做放鬆訓練，

並配合抗焦慮和抗憂鬱的藥物治療之後，林太太由心理影響生理的不適症狀也明顯地有了改善。

## BEST 這樣想比較好

我們說心理上的痛苦，多半會經由身體宣洩出來，如果你沒有替它找一個缺口的話。

多數人都瞭解「心理會影響生理」，當一個人遭遇到挫折或低潮，心裡開始產生負擔、壓力時，他會覺得痛苦或疲憊不堪，如果又長期無法從這個狀態解脫、無法處理這種局面時，久了就會讓身體出毛病，這可能是生理上的、也可能是心理上的疾病，因為他已長期讓內在失去了平衡。

例如，出現像是頭痛、頭暈、胸悶、胸痛、呼吸不順、肌肉緊繃、腸胃不適、皮膚過敏、掉很多頭髮、頻尿或者性功能減退等身體問題，多數人還會出現失眠、憂鬱、易怒等明顯的情緒轉變。

疾病在某種意義上來說，其實是對心靈與身體的一種「保護」，是一種自然的自我調節作用。這其實是身體正在向你發出警訊，提醒你現在身體的平衡已被破壞掉了，這並非不是件好事，它能提醒你自省與進行治療。

## ◎ 看看你正處在壓力的哪個階段？

當我們面對壓力時，外在與內在的呈現多半是長期且緩慢變動的，在生理和心理上也會有不同的反應產生，可以分成三種階段如下。

下次當你感受到壓力的時候，不妨看看檢視一下自己當下的情況是哪種階段吧！

（1）警覺階段

心理上，會出現緊張、焦慮、生氣的情緒，此時會提高警戒，嘗試做自我調節並開始著手因應方法。

生理上，腎上腺素會增加，身體資源都處於備戰狀態，此時交感神經活絡，容易出現心跳加快、呼吸加速、血壓升高等反應。

（2）抵抗階段

心理上，開始啟動自我防衛，不會重新因應壓力來找出更好的應對方式，會固守先前運用過的防衛方式，反應力下降、失眠等狀況。

生理：生理激動狀態消退一些但仍比平常為高，並能依據所能運用的身體資源因應壓力，此時的因應功能應該是最高的、最有效的。若壓力仍持續存在或攀升，則易開始出現消化道潰瘍、高血壓、氣喘等生理現象。

（3）衰竭階段

心理上，心力交瘁，在抵抗階段時的防衛方式開始無效，思考的效率和解決力大幅降低，容易轉變成較不恰當的防衛方式。此時心理平衡已失調，不願認清現實或與現實脫節，有崩潰的可能性，甚至出現難以控制的暴力、極端的冷漠或神志模糊不清。

生理上，身體資源逐漸用盡，失去抵抗的能力，若無法從壓力環境下

脫身，則有可能引發疾病，極端的話有失去生命的可能。

## ◎ 漸進放鬆的技巧

進行漸進放鬆法時，最好是找一個寧靜、沒有干擾的環境，關掉手機和電腦，光線要柔和，溫度要溫暖。

然後躺下來，首先閉上眼睛，深呼吸數下，收緊手和臂的肌肉，然後放鬆，轉移到頭、頸和肩的肌肉，接著是胸、腹和背，最後是腿和腳。目的是讓自己認識肌肉緊張的感覺和熟習漸進放鬆法，平時你就能自行進行漸進放鬆法去練習放鬆肌肉來抒壓。

**Make you happy 維他命**

### 動起來！

只要我們一感受到壓力，身體就會開始損耗精神。這種時候如果可以利用運動來促進新陳代謝，對身體與心理都會是非常有幫助的。因為運動時血液的供給量增加，不僅可以幫助抒壓，更能強化應變能力。

# 42 身體也需要進行情緒排毒

當一個人懷疑生命的意義與價值之時，他是病了。

——心理學家　佛洛伊德（Sigmund Freud）

## Case Sharing

　　根據一項大型的研究顯示出，若能每天樂觀面對生活，平均壽命將增加七點五歲。這並不是他們沒有壓力，而是當他們面對壓力時，能快速轉換心情來減輕「傷人」、「傷己」的負面能量。

　　其實壓力就是一種致命毒素，更是悲觀的主要因素。

　　當人面對壓力時，我們的身體會分泌壓力荷爾蒙和皮質類固醇，同時反應和供應逃跑所要的體力，可是在我們不知不覺分泌這些壓力荷爾蒙時，同時也在傷害內臟。

　　當我們年齡越來越大，除了抵禦皮質類固醇的能力會變差外，碰到重大壓力時還會干擾生長激素的分泌，這也是促使老化的主要原因。

　　因此，有壓力的人都應該學習如何放鬆與調適壓力，否則身體很容易就被負面情緒給吞噬了。

BEST 這樣想比較好

　　「壓力」似乎變成現代人生活、工作的寫照。其實，適度的壓力可以激發潛能，增加專注，可以是一種前進的動力，可是很多時候過度的壓力，反而會造成生理上和心理上的過度虛耗與不協調。

　　因為生理和心理是相互影響、彼此關聯的。而情緒可以是健康的大補帖，也可能是健康的毒藥，關鍵在於我們是否能覺察自己的情緒，適度排除壞情緒的毒素，做好情緒管理，保持愉快的心情。

　　而很多疾病是在你來不及了解前就得病了，所以我們要活得有智慧，從生活的態度及習慣去練習觀察及體悟，我們在生活中對身體做了什麼。

　　在這裡提供幾個情緒排毒的妙方，將幫助你去除負面情緒毒素，重新調整思維方式，以更愉悅的心情面對人生中的各種挑戰。

Medicine 處方箋

## ◎ 以合理想法代替非理性的信念

　　人的情緒大部分與思維方式有關，一個人可經由想法的改變，來調整情緒的變化。當壓力事件（A, Activatingevent）發生時，若當事人抱持悲觀、消極、偏激的信念（B, Belief），自然容易引發失常的情緒與行為結果（C, Consequence）。

　　例如：因為一時的工作不順利，就滿腦子都是「我是個沒用的人」、「我註定要永遠失敗」的負向思考，那麼必定會產生鬱悶、愁苦、悲傷的情緒，甚至罹患憂鬱症或走上自殺絕路。

但如果能夠換個角度思考，鼓勵自己：「人生不如意十之八九嘛！」、「風水總會輪流轉」、「下次我可能會做得更好」，並積極從失敗的經驗中獲得啟示，加以檢討與改進，將能轉變為未來成功的助力。

## ◎ 凡事不過分苛求

　　凡事不苛求、不奢求、不強求十全十美，並能學習接受或拒絕別人的批評與要求。肯定自我價值，欣賞自己的長處，經常用積極的內在語言自我激勵，例如：「我的同事都如此肯定我，我的表現應該滿不錯的」、「雖然結果不是很棒，但我已經盡了全力」。

## ◎ 達觀，改變人際關係

　　人是群居的動物，互動間難免有摩擦與衝突，無形中也造成情緒上的困擾。但若能抱持「忍一時，風平浪靜；退一步，海闊天空」的達觀態度，常用同理心待人，設身處地為他人著想，並學習如何適度表達感受與想法，相信必定可以營造出和諧穩定的人際關係。

## ◎ 運用食物，吃出好心情

　　多食用富含血清素的食物，例如菠菜、香蕉、南瓜；含Omega-3的深海魚、核桃有助於帶來好心情。

　　血清素因為能使人感到放鬆和平靜，所以又稱為「滿足激素」。它是大腦中的一種神經傳遞物質，腦細胞依靠它進行彼此間的資訊傳遞，神經傳遞物質還包括正腎上腺素和多巴胺等。

　　憂鬱症、長期心情沮喪，是由於大腦神經傳遞物質分泌受到影響，導致血清素減少所致。此外，在心情沮喪時，吃些甜點可能會讓情緒振奮一些。

## ◎ 善用熱水澡

洗熱水澡不僅可以藉由發汗將體內的毒素排出，還可以抒解壓力，讓身心得到放鬆。

洗澡時水溫以攝氏四十度左右為宜，不宜過燙，也可以用浴鹽按摩全身，以刺激皮膚血液循環，加強皮膚細胞的新陳代謝，排除肌膚深層毒素。

很多人喜歡利用泡澡來抒壓，但若用一般自來水的熱水泡澡，其效用是較低的，因為水分子大，只能利用水溫暫時刺激循環，消除疲勞的功效有限。建議可在泡澡時加入天然海鹽及一些天然植物，例如老薑、溫泉湯粉，可驅寒氣、濕氣，就可把深層毒素排出來。

### Make you happy 維他命

#### 適度的肢體運動！

坊間常見的有氧運動、氣功、坐禪，或者較為深層的肌肉放鬆術、冥想、瑜伽術等，都是有助於應付壓力或減低焦慮情緒的好運動。

　　這陣子你覺得心情好煩悶，但是卻臨時找不到朋友可以傾吐苦水，於是你決定自己一個人跑去遊樂園散心，想要藉此抒解一下累積許久的壓力。

　　請問，你第一個會選擇去玩什麼遊樂設施呢？

**A.** 碰碰車

**B.** 旋轉木馬

**C.** 雲霄飛車

**D.** 摩天輪

### 選A碰碰車的人 ⋯⋯⋯ 【情緒狹窄型】

　　你是個心地較狹窄、易怒型的人，在生活上你經常會為了一些雞毛蒜皮的小事而不高興，但其實你不過只是小小地發怒一下，只是想給惹惱你的人一點難堪而已，你並不會真的想要鬧得滿城風雨。然而，會讓你覺得心裡不爽的事情可是多得很，要注意若是太常給人臉色看，下次當真正生氣時，說不定反而無人聞問喔。

### 選B旋轉木馬的人 ⋯⋯⋯ 【情緒悶壞型】

　　你是個超級悶葫蘆，心裡有再多的話也不會說出口，寧願將痛苦與難受全都藏在心裡，慢慢煎熬自己。這樣性格的你讓周遭的人都猜不透你的心思，也不知道究竟要怎麼做你才會滿意，可能不小心就會忽略了你的反應。如果你已經累積了太多的情緒，小心有一天受到刺激會突然爆發，反而會一發不可收拾，讓周遭的人感到

莫名其妙。

## 選C雲霄飛車的人 ········ 【情緒健康型】

你是個樂觀直爽的人，個性開朗坦白，從不會拐彎抹角地去做或說什麼事，就算是和朋友、同事、家人發生摩擦，也會選擇在當下就立刻說清楚、講明白來解決事情，因為害怕彼此產生心結，所以從來不吵有隔夜仇的架，也不會翻舊帳，是EQ指數相當高的人，在朋友之間非常有人緣！

## 選D摩天輪的人 ········ 【情緒阻塞型】

你是個內心敏感、纖細，做任何事都會小心謹慎、三思而後行的人，從小到大都不容易去惹出什麼大麻煩。可是一旦與人吵架，心裡出現了芥蒂，就會耿耿於懷，久久不忘，讓自己和對方飽受折磨。對於這樣性格的你，要注意別讓自己太過鑽牛角尖了，有時候，得饒人處且饒你，你需要學習更聰明地與人相處。

43 運氣是留給真正努力過的人

44 樂觀可以經由學習得來

45 釋懷那些你已無法選擇的

46 命好，不如養成的習慣好

47 希望是驅動你持續前進的力量

48 感恩的人總能從挫敗裡再站起來

自我測驗 平時你是悲觀還是樂觀的人？

# 運氣商數

身處黑暗，還能相信一絲希望

## LQ

### *Luck Quotient*

# 43 運氣是留給真正努力過的人

我十分相信運氣，而且我發現我越是努力，運氣也越旺。

——美國第三任總統 湯瑪斯‧傑佛遜（Thomas Jefferson）

## Case Sharing

　　曾拿下多次撞球公開賽冠軍的撞球國手吳珈慶，自小生長在一個隔代教養的家庭，由祖母一手帶大，吳珈慶自小對功課就不是很拿手，但他對於撞球卻有著極大的熱情。他從八歲開始接受教練正規的訓練，因此曾被譽為「撞球神童」。

　　一般傳統的觀念往往會認為撞球間是個龍蛇雜處的地方，愛打撞球的都是不良少年，但吳珈慶的祖母相當開明，認為小孩有自己的興趣也沒有什麼不好，甚至假日還會主動帶他去撞球間打球。加上吳珈慶每天勤練五小時，使得球技大為進步，他曾說：「求勝唯一的祕訣就是不斷地練習，所有的辛苦都是為了一年一度的世界盃，我的目標很明確，就是要拿冠軍，所以我會傾全力朝目標邁進。」

　　「運氣是留給努力的人，一開始我也會把輸球歸咎於運氣不好，但這幾年下來，我體會到只有不斷的練習，讓自己跟對手有同等級的球技，在之後的比賽時，球感、手氣一來才能有利於贏得勝利，如果這些年來我練球的時間少一年，就絕對不會有這些冠軍。」據說在世界盃比賽的期間，他除了睡覺和吃飯的時間以外，全部的時間都會投入在練習上，而比賽的

成果也讓他的辛苦沒有白費。

如果，吳珈慶只將自己最後的成功歸咎於運氣使然，那想必也不會出現如此傑出的運動選手。成功絕對不是偶然和運氣，成功者的背後都有一段少為人知的辛酸。

## BEST 這樣想比較好

「一分耕耘，一分收穫」雖然不是一句完全正確的真理，但有目標才有驅動力，你才會積極去追求。否則每天醒來無所事事，就會偷懶，久而久之惰性就養成了。

人生不如意的事情十之八九，這顯示出只有10％至20%的事會是如人所願的，其他則是靠「運氣」來決定，然而運氣的好壞有時對人的影響是相當戲劇化的。例如，貴人千里來相助，幫助你逢凶化吉，這是好運；衰運當道，整個月不間斷地發生倒楣的事，這是惡運。

然而有些運氣還是掌握在自己手中的，就是所謂的「運氣商數」（LQ, luck Quotient）。例如，衝動易怒、沮喪悲觀的人，他們的惡運便經常如影隨形，是屬於低LQ的人，而樂觀、積極、懂得把握機會的人，碰到好運的機會就多了，LQ也就相對地較高。

雖然談到這裡，每種Q都各自有它的侷限，但同樣地，也都看得出它們的變化性，而且彼此之間的影響其實相當明顯，它不僅可以提供我們對於過去的反省，也能提供我們對於未來改變的契機，是相當值得你我運用的學問。

## ◎ 謀事在人，成事在天

　　雖然我們在事後不得不相信命運，但在事前卻不能直接將自己的未來交由不可知的命運來決定。因為，「謀事在人，成事在天」才是正確的態度。我們在事前應全力以赴，若事不成，除了誠實的自我檢討改進之外，也可以運用其他不可控制或不可預知的因素來抒解自己雖然已經盡力，但成績卻不如別人的挫折感。

　　這是維持心理健康的方法之一，但如果在根本上你相信命運不在自己掌控之中，就不可能維持長期的成功。

## ◎ 了解成功者過去努力和學習的方法

　　許多成功者都會謙虛地說自己的成就是因為「運氣好」，這種謙遜的態度雖然值得肯定，然而如果你只相信這樣的主張，那麼就太單純了，因為這種說法多半會讓你誤以為只要運氣好，前途就能一片光明。

　　而成功人士應該分享自身在過去努力和學習的方法，或者是面對挫折及解決問題時的心路歷程，例如在學校中如何學習、在職場上的摸索與失敗，甚至對人生應抱持的指點與態度等等。

　　同樣地，成功的演藝人員、運動員和專業人士，都可以從過去的經驗中歸納出許多他們努力和成長的要訣，我們要去了解這些過程與方法，對自己才具有實質的幫助。

## ◎ 用樂觀、積極、助人的態度面對人事物

　　運氣是不求而來的，因此也求不來；天命雖然求了不一定會來，但事實上有方法可以增加它來的機率。

靠運氣上去的人，由於不清楚是怎麼上去的，往往轉而走向迷信例如風水、拜拜、占星，只要有可能讓神明持續關照的偏方，都值得去試試。然而運氣總有用完的一天，很快的就會從雲端再度摔回地面，然後我們才體會到這一切都只是夢一場。

靠天命上去的人，他非常知道自己努力了哪些，而最後又在哪幾個關鍵獲得了誰的關照。所以他不但不會迷信，而且會繼續努力去增加天命發生的機率，例如和他人建立良好的關係，密切追蹤競爭對手與市場的動態等等。更重要的，他會發現很多貴人的出現其實並不只是機率，這些都是我們在五年、十年甚至更久以前做的某件好事，在這個宇宙中作用，最後所產生的蝴蝶效應。

所以學會用樂觀、積極、助人的態度去面對這個世界，能持續幫你帶來越來越好的天命。

## Make you happy 維他命

### 抬頭挺胸大步走！

美國亞特蘭大大學研究指出，抬頭挺胸大步走讓你更快樂。研究發現，在三分鐘的路程裡被要求走路時頭要抬高、甩開手、邁大步的受試者與被要求低著頭走路的受試者相比，前者明顯快樂許多。

# **44** 樂觀可以經由學習得來

　　樂觀的意義包含面朝太陽、雙腳往前移動。過去有許多黑暗時刻，讓我對人性的信心面臨嚴重的挑戰，但我不願也不能讓自己絕望。

——前南非總統　納爾遜·曼德拉（Nelson Mandela）

## Case Sharing

　　古時候，有一讀書人為了赴京城考試，天天閉門苦讀。一天晚上，他做了一個夢——夢見一個高大的城牆上種了一棵「大白菜」，又夢見「小姨子」睡在他身邊。夢醒之後，這讀書人百思不解，實在不知道這個夢是「好夢」？還是「惡兆」？

　　於是，讀書人前往岳母家中，希望岳母能指點迷津。但是，當時岳母剛好不在，小姨子就問姊夫的來意。老實的讀書人就吞吞吐吐地把自己的夢境向小姨子講述。才一講完，小姨子就臉色大變地說：「你這個白痴，高牆怎能種白菜？真是『白種』（中）了！我還睡在你旁邊？哼！你甭想了，門兒都沒有！」

　　這讀書人一聽，完了，沒指望了，赴京考試「門兒都沒有」，一定會落榜，就垂頭喪氣地走回家。不料，在半路上碰到岳母。岳母問道：「為何如此無精打采、悶悶不樂？」讀書人只好把夢境和小姨子的說詞告訴岳母。

　　岳母聽完之後，很高興地大叫說：「恭喜你了！高大城牆種白菜，表

示你會『高中』上榜；而小姨子睡在你身邊，表示『該是你翻身的時候了』！」

## BEST 這樣想比較好

同樣一件事，若能從正面、樂觀的方向來思考，就會使自己充滿「喜悅和盼望」。所以樂觀的人，是從挫折中發現希望；悲觀的人，是在成功中尋找挫折。

樂觀主義（另稱樂天派）是指一種對一切事物採取正面看法的觀念，是悲觀主義的相反詞。樂觀的人不會想到一件事的缺點與瑕疵，永遠以正面的想法對待身邊的一切。許多人認為樂觀比悲觀來的好。

習慣性做「負面思考」的人，因為從負面角度來衡量和評價的習慣，以至於說出口的話，都是一些「難聽」和「刺傷他人」的話；也因為他們不懂得稱讚別人、欣賞他人優點，只會專挑別人毛病、語出批評，所以自己心中也沒有「喜悅之情」。

假如，我們能多學習「正面思考」，用比較「樂觀」的角度來看待事情，心情一定能更愉悅、更快樂。

## ◎ 高目標能激勵出潛力

當上司給你一百分的目標，你就必須要求自己與團隊用一百六十分的力氣去做，這樣至少做出來再差也有八十至一百分，不會低於上司的期望值太多，有機會甚至可以更好。

但如果當上頭的老闆給你一百分的目標，你卻只願意以一百分的力氣要求自己與屬下，那麼做出來肯定只有六十至八十分，你的最佳表現，可能只是上司的低分飛過。

因此為了讓自己與團隊都能往一百六十分的目標邁進，我們必須逼迫自己學習樂觀，並且用這樣樂觀的態度激勵自己。如此，自然而然地就很容易被上司欣賞。

你一定要懂得樂觀，成功的人更要懂得樂觀。或許是一種偽裝，但也是一種策略，當你練習給自己更高、更不可能的目標，遙不可及的目標的意義在於就是在逼自己往更好的結果邁進，不管最後是否達成，至少在過程中可以激勵出許多潛力，使自己更為精進。

## ◎ 樂觀是需要學習的

不要再為你的悲觀找理由，你不樂觀只是你不練習，而不是生來如此。就像你每天刷牙洗臉，每天例行公事好幾十個年頭，到最後習慣成自然，起床自動就會走去洗臉刷牙。

樂觀也是，常常練習樂觀、提醒自己樂觀，練習上千萬次，當問題一來的時候，你自然就會本能地樂觀面對。

在職場上，樂觀的人懂得不斷自我激勵激發出自己與團隊的無限潛

能、能夠面對壓力並承受壓力，把壓力化成動力驅策自己。樂觀的人會有一種源源不絕的吸引力，帶領著團隊往更好的地方前進。

## ◎ 別樂觀過了頭

心理學家卡恩曼（Daniel Kahnema）在二〇一一年出版的《快與慢的思考》中說：「人對於做得還可以的任何事，會傾向於對自己的表現過分樂觀。」只不過樂觀過了頭，就可能掉入有危險性的過度樂觀。

樂觀冒險難道不是成功建立事業的基礎？沒錯，但有一定限度。卡恩曼解釋道：「樂觀天性的好處之一，是在面對阻撓時堅持不懈。」但「全面性的樂觀偏見」可能有害：「大多數人會看輕現實的嚴酷、高估自己的能力，以及認為自己比實際情況更可能達成設定的目標。」

我們可以得出一項教訓：現實必須置於任性的樂觀之前。大自然是不容扭曲的。

**Make you happy　維他命**

### 泡一杯好茶！

心理學家研究發現，生活中的小確幸的確可以轉化腦部負面情緒，帶來快樂感，例如喝一杯茶。我們生活周遭有許多可以學習成長的機會，即使只發生十秒、二十秒的小確幸，都要好好把握。

# 45 釋懷那些你已無法選擇的

痛快！痛快！讓自己的痛苦快快過去，業障也就被心境轉了過去。

——靜思語

## Case Sharing

一天，張哥去拜訪一位禪師，因時間倉促而忘了帶禮物，他覺得很不好意思。所以一見面，就滿臉抱歉地說：「對不起，我空手而來。」

禪師說：「那你就放下吧！」

張哥疑惑不解，接著說：「什麼東西都沒帶，怎麼放下呢？」

「那你就帶著吧！」禪師說。

此時，張哥恍然大悟，明白禪師的意思是不要給自己太多的心理負擔，放下就可以釋懷了。後來，他們開始聊起天來。

張哥問禪師：「您得道前，做什麼呢？」

他說：「砍柴、擔水、做飯。」

「那麼，得道之後呢？」

「砍柴、擔水、做飯。」

張哥接著問：「既然如此，那何謂得道？」

他坦然一笑，說：「得道前，砍柴時惦著挑水，挑水時惦著做飯；得道之後，砍柴即砍柴，擔水即擔水，做飯即做飯。」

於是張哥明白了，原來大道至簡，平常心就是道。

禪師並說：「為人處世，交朋待友，對勢利繁華，不必太過於苛求，

當以『淡』字當頭。看淡些，看開些，人生也就豁然開朗，有滋有味了。」

張哥佩服禪師的高見，又訴說了有些事總是放不下。

禪師說：「這個事咱們邊喝茶邊聊吧！」說著，他遞給張哥一個茶杯，又順手從爐子上提過一壺水給他沖茶。因為水剛燒開，杯子燙手，張哥急忙把它放到桌子，還差點把杯子碰碎。」

禪師看了笑道：「你不拿好，都放下了？」

張哥便說：「太燙手，拿不住了，再不放，手就燙熟了。」

此時，禪師緩緩地說：「生活中的道理也是這樣。該放時，要懂得放下，捨得放下。」

回家路上，張哥看見了一位和尚挑著盛滿甜湯的壺子，但是因不慎掉落，摔得粉碎，但和尚卻不回頭而繼續往前走。

張哥說：「難道你不知道壺子已經破了嗎？」

「知道，聽到它掉落了。」

「那你為什麼不轉身看看怎麼辦呢？」

「壺已經破碎了，湯也流光了，我還能怎麼辦呢？無法挽回的就讓它過去吧！」

## BEST 這樣想比較好

所有這些煩惱，皆來自於三個字：「放不下。」

我說，要放下所有煩惱，也是三個字：「不要了」；而忘卻所有煩惱也只有三個字：「不想了」。

只有經過「不要了」、「不想了」、「放下了」這三步，普普通通也好，平平常常也罷，既可暗淡，也可絢爛，一切順其自然，允其隨便。也只有不想不問，不知不煩，不求不欲，不得不失，才能真正實現自我，自在，自然。

　　人生在世，既要拿得起，也要放得下。拿起是生存，放下是生活；拿起是能力，放下是智慧。有的人拿不起，拿不起，就會庸庸碌碌；有的人拿得起卻放不下，放不下，就會疲憊不堪。

　　人生就像一趟旅程，不要帶太多隨身的行李，否則一路上都在照顧行李，根本不知旅程的滋味；名利就像一只皮箱，用它時就把它提起，不用時就把它放下。如果不用時還要提在手上，便是累贅。若為名利而終其一生，即是置身快樂仙境，也會使精神墮入痛苦深淵。

　　當然，生活有時也會逼迫你不得不交出權力，不得不放走機遇，甚至不得不拋下愛情，使你不可能什麼都得到。所以，在生活中應該學會放棄，就像清理電腦中的文件一樣。

　　人生，就是一步一步走，一點一點丟，走出來的是路，丟掉的是包袱。若把彎路走直了，那是聰明，因為那是找到了捷徑；若把直路走彎了，也是豁達，因為由此也可以多看到幾處風景。這樣，路就會越走越長，心就會越走越靜。所以人生處世，有舞臺就好好演你的角色，沒有舞臺時就靜靜地當觀眾。如果你能讓別人快樂，只是慈悲；只有讓自己快樂，才是智慧。

　　人應該有拿得起放得下的寬闊胸懷，那樣才能瀟灑。

　　「人生不如意事十常八九」，雖然你有許多不如意，但有更多比你更糟的人。有人在順境墮落，有人在逆境中成長，可見環境的影響並非絕對，關鍵在你的「心」，要常懷「喜樂的心、感恩知足的心」。

## ◎ 創傷不可怕，怕的是不願走出來

焦慮、煩惱，是對外在壓力，或個人內在心理衝突的反應。有時候因天災、或人與人、國與國間的互相傷害；一個人、一件事、或是錢財、感情，都會成為我們心裡的創傷。如果執著、無法釋懷，心中就容易產生憂愁悲傷、苦惱委屈、怨恨易怒、害怕不安、緊張敏感等等。

雖然我們沒有身在牢獄，但這些心中的無形枷鎖，更為沈重。在焦慮狀態時，往往也伴隨著或輕或重的身體異狀。

這世上，何人沒有創傷？創傷不可怕，怕的是自己不願意走出來。雖然有些必須藉由藥物的協助，但最重要的是，心中有結要適時抒解。哀傷或起伏的負面情緒，要找一個適合自己，又不傷害他人的宣洩方式。

自我療傷很重要，要打破「男兒有淚不輕彈、哭泣是弱者的表現。」的觀念，才不會累積成災。

## ◎ 解鈴還需繫鈴人

「解鈴還需繫鈴人」，「能放下」是一帖良藥，因為別人的勸解、安慰、鼓勵是一時的，明天、後天，還是不斷地會有新的苦惱再產生。只要心不死，用智慧、慈悲、善解去將執著、創傷放下，找出產生負面情緒、壓力的根源之後再自我療傷。

心情鬱悶時，不妨透過靜坐來沉澱思緒，化除煩惱壓力；或多親近身旁朋友的開導，將情緒稀釋、轉移、讓時間淡化一切、撫平創傷、重新振作！

## ◎ 比上不足，比下有餘

　　因為樂觀的人，永遠為自己「比下有餘」而感恩；而悲觀的人，永遠為自己「比上不足」而遺憾。

　　有時候到醫院急診區、癌症病患區：看他們多麼勇敢地在向死神搏鬥！去殘障院看一看，他們多麼渴望的是：「健康」。有些人雖然身體有殘缺，卻能從自怨自艾的牢獄中走出來，去面對、接受事實，奮發向上，培養自己的專業，除了能照顧自己外，還能去幫助、鼓舞別人。

　　回頭看看自己，我們要感恩父母給我們的寶貴身體、珍惜我們目前所擁有的一切。也感恩週遭所有提供我們衣、食、住、行必需品、能讓我們接受教育、能平安過日子的每個人。

## ◎ 挫折所給予的快速成長

　　不要常常覺得自己很不幸，其實，還有許多比我們更不如意的人。積極的人，會在困難中找機會，消極的人，是在機會來臨的時候，還要找困難，找他們無法利用這機會的理由。

　　人際關係是最難為的，事事要「無我、無執」，方能做到圓滿。不同的人有不同的個性、習慣、觀念，人與人之間的誤會衝突，絕大部分起源於此。

　　一個外表冷漠、狂妄自大的人，其實是缺乏信心，內心充滿不安，心中是脆弱的。許多人用冷漠來保護自己，掩飾自己的不安與空虛，其實這種人心裡也不好受。

　　或許你身邊有很執著，常使眾人苦惱，始終無法溝通的人，但是試著轉個念頭，同情他，是他的「心」生病了，才會這樣。不是一味忍耐，忍耐若只是勉強壓抑，就如強壓在石頭下的草，那只是暫時沒事。要用包容

心、同理心、慈悲心去善解，讓心真正釋懷、放下，才能做到「忍而無忍」。

在人生旅途中，必定會遭遇到各種困境、挫折，也會有許多想法，如果能將痛苦與災難當做是負面的成長，不輕視自己、凡事都能有善解！

**Make you happy 維他命**

### 小睡一下！

如果你的睡眠被剝奪了，便會增加你的壓力。一項研究調查顯示，當學生背單字時，睡眠不足的大學生可以記住約80%的負面字眼，但是只能記住約40%的正向或中性字眼。而研究也發現，打瞌睡可以改善你的情緒。

# 46 命好，不如養成的習慣好

如果養成好的習慣，你一輩子都享受不盡它的利息；如果養成了習慣，你一輩子都償還不盡它的債務。

——俄國教育家　康斯坦丁·烏申斯基

## Case Sharing

有一隻毒蠍子站在江邊，望著滔滔江水，不知怎麼樣才能到對岸去。正在煩惱的時候，看到一隻烏龜慢慢爬過來。毒蠍子很高興，趕快向前打躬作揖，對烏龜說：「烏龜大哥！你要到哪裡去啊？」

烏龜看到表情不善的毒蠍子，趕緊將自己的頭縮進硬殼內，謹慎地說：「蠍子老弟啊！你好，我正打算回到對岸的家。」

「好極了！我也正要到對岸去，麻煩大哥你順便載我一程。」毒蠍子急忙說著。

「不行！你們蠍子的毒性很強，又有喜歡螫人的壞習慣，要是在半路螫我一口，我不就一命嗚呼，我才不做這樣的蠢事！」烏龜一口回絕。

「烏龜大哥，你放心啦！我保證絕對不會螫你的，你想如果在途中我螫了你，你死了，我自己不也是活不成，我怎麼會拿自己的生命來開玩笑呢？拜託你了！」

禁不起毒蠍子苦苦哀求，烏龜只好無奈地點點頭答應了。

於是，毒蠍子爬上烏龜的背，高興地坐在上面，一路上欣賞著兩岸美

麗的風景。忽然，一個浪頭打過來，眼看就要滅頂了，但是烏龜卻從容不迫的躲過一朵朵的浪花，毒蠍子不禁對烏龜的矯健身手拍掌叫好。

被毒蠍子一稱讚，烏龜就得意起來了，脖子越伸越長，這時候烏龜突然感覺到頸部一陣劇痛，生氣地責怪毒蠍子：「你怎麼這麼不守信用，我好心背你過河，你怎麼狠心用毒針螫我？我被你螫死了，對你又有什麼好處呢？」

「烏龜大哥，對不起啊！我不是故意的，我也知道不能這樣。但是我螫人習慣了，忍不住就螫下去了。」

毒蠍子的毒性發作得很快，烏龜終於支持不住，懷著悔恨，載著毒蠍子一起沉到了江底，為自己的一時大意付出了寶貴的生命。

明知「壞習慣」要不得，卻戒不掉，許多人一樣因此付出慘痛的代價，從古至今，這樣的悲劇不斷地上演。

上上之策，是提高警覺，經常審視自己的生活習慣，不良的習慣要趁它萌芽之際就拔除，以絕後患。

## BEST 這樣想比較好

「人之初，性本善；性相近，習相遠」人之初生的時候，本性是善良的，每個人的資質與潛能相近，但後天的學習或習慣卻讓一個人的成就越差越遠。

一個行為你重複去做，久而久之，便成了「習慣」；不管「好習慣」或「壞習慣」，都是慢慢養成的，但是很不幸，培養一個「好習慣」常常要費不少心力，而「壞習慣」卻往往不知不覺就沾上了。為什麼這樣呢？

那是因為「壞習慣」總是和人的惰性、人性的弱點掛勾，你禁不起誘惑，不知不覺它已經附在你身上，吸著你的血。它漸進累積的力量，巨大無比。不經意間，一次、兩次、三次，等到你驚覺想要抽身，已經力不從心，身不由己！

　　酗酒成性的酒鬼、嗜賭如命的賭徒、吸毒成癮的毒蟲，他們其中有些人未嘗不想戒除惡習，但是幾個人能成功？

　　人類的習慣是如何養成的，和我們在青少年時候受到的教育以及後來的社會實踐有密不可分的關係。美國有心理學家做過實驗，發現人類做出決定主要有兩種方式，一是「透過計算衡量」，二卻是「瞬間的直覺」。有趣的是，兩種決定的方式，其準確度在面對較為簡單的情況，和在面對複雜局面的情況下大不相同。

　　通常我們會認為，越複雜的情況，越需要經過大腦復雜的衡量計算才能做出相對準確的決定，然而事實正好相反。也就是說，當人類面對簡單問題的時候，計算更為準確，但面對複雜情況的時候，往往直覺更可靠。這就是很多人說的「第一選擇往往最好」的道理。

　　不過根據麥爾坎·葛拉威爾（Malcolm Gladwell）在他的《瞬間》（Blink）一書中的分析，作出瞬間決定的直覺，其實是學習和經驗積累獲得的。簡單來說，其實就是「習慣」，或者說很大部分是人類的習慣。

　　有正確的習慣，便有了正確和成功的人生，有不正確的習慣，則有錯誤和失敗的人生。當我們抱怨沒有成功機會的時候，我們也許確實需要冷靜下來檢討自己的習慣，只有改變了那些阻礙我們人生進步的習慣，我們才有改變人生的希望。

**Medicine 處方籤**

## ◎ 省思與覺察自己的習慣

美國心理學之父威廉·詹姆士（William James）曾點出了跳脫慣性思維的重要。

日常生活當中，為了趨利及避免痛苦，自然而然會形成一套行為模式。當遇到同樣的情境時，便不假思索的運用後天形成的這套機制去處理事情，卻以為是按照自己的思想在做事，其實已經被後天的「觀念」和「習慣」所操縱。

「覺察」自己的思維過程，養成不斷去省思自我舊習慣的新習慣，同時跳脫觀念所圍，不斷用新的好習慣去代替舊的壞習慣，才能成就真正屬於自己主宰的人生。

## ◎ 習慣受三種類向的影響

習慣受三種類向的影響，第一個類向是「人」，而人會受哪些人影響呢？

（1）父母：通常是影響人最大的，例如我的父親是軍人，可能養成的習慣就是「紀律」、「嚴肅」等等。

（2）配偶：兩個人在結婚時，也是兩個人在「習慣結婚」，因此你要記住，吵架時把「人」和「習慣」分開，因此你要表示你仍然愛對方，只是彼此習慣不同。

（3）人是透過互動來被教育養成習慣的，你與父母的相處模式就如你與上司的相處模式，如果你孝順父母，那麼你就會較重倫理。而與兄弟姊妹相處的模式，就如你與同事相處的模式。

第二個類向是「環境」，不同的環境會有不同的影響：

（1）在都市成長和在鄉下成長的孩子也不同。

（2）嬰兒給不同的保姆帶大會有不同的習慣養成。

（3）兄弟一個在國內唸書，一個在國外唸書，養成的習慣會不同。

第三個類向是「時代背景」：

例如，當年的鳳飛飛時代和現在的蔡依林時代的差別。

很多人把自己的前途寄託在命運和機遇的垂青上面，也有人一生都在尋找能指導自己走向成功的規則，然而其實「習慣」才是改變人生命運的關鍵，好習慣才能創造好命運。

## ◎ 如何養成好習慣？

◆至少堅持二十一天

二十一天已經基本可以讓你培養一個永久不變的好習慣了。時間如果太短則不能根植到你的大腦內，形成長久的習慣。

◆一次只培養一個好習慣

想要養成一個好習慣，就要集中於改變這一個習慣。一次如果想改掉多個習慣，勢必會分散你的精力，並使你最終放棄。

◆把要培養的習慣轉變為明確的目標

例如「每天跑步」是一個明確的目標嗎？當然不是了，它只是一個目標，但卻不是明確的目標。每天跑步，什麼時間跑、跑多長時間，這些都不明確，怎麼可能實現呢？如果改為每天早餐前跑兩公里，這樣這個目標就明朗化，並且具備可執行性了！

◆將目標公開於眾

至少讓你的朋友們知道，他們不僅可以監督你，還能夠無形中產生壓

力（壓力就是動力）。當然，你也可以讓他們一起來培養習慣。

◆一段時間做總結

每天、每周、每月總結一下目標的執行情況，一定要認真客觀的分析，不要總找藉口，優缺點都要總結出來，優點有助於提高你的自信心，缺點有助於你加以改進。

◆獎勵自己

在目標執行過程中給自己適當的獎勵是很必要的。

西方有一種說法：「性格決定命運。」但其實，真正發揮作用的還是習慣。一個人的性格難以變化，而習慣是可以自省檢討和改變的。所以，起碼在某種程度上，每個人都掌握了自己的命運。

## Make you happy 維他命

### 和寵物玩耍！

和寵物相處可活化你的大腦，研究顯示，飼養寵物可以增加左腦的活動，而左腦掌管著快樂和愉悅感，而養寵物也可以促進健康。

# 47 希望是驅動你持續前進的力量

希望好像一個家庭，沒有它，你會覺得生活乏味；有了它，你又覺得天天為它辛勞，是一種煩惱。

——美國作家　馬克‧吐溫（Mark Twain）

## Case Sharing

從前，有這麼一個故事：

有兩個一老一小，相依為命的瞎子，每日靠著彈琴賣藝維持生活。

一天老瞎子終於支撐不住，病倒了，他自知不久將離開人世，便把小瞎子叫到一旁，緊緊拉著小瞎子的手，吃力地說：「孩子，我這裡有個藥方，這個藥方可以使你重見光明。我把它藏在琴裡面了，但你千萬記住，你必須在彈斷第一千根琴弦的時候才能把它拿出來，否則，你是不會看見光明的。」

小瞎子聽了，流著眼淚答應了師父，於是老瞎子含笑離去。

一天又一天，一年又一年，小瞎子將師父的遺囑銘記在心，不停地彈啊彈，將一根根彈斷的琴弦收藏著。

然而當他彈斷第一千根琴弦的時候，當年那個弱不禁風的小瞎子已成長到垂暮之年，成為一位飽經滄桑的老者。他無法按捺住內心的喜悅，雙手顫抖著，慢慢地打開琴盒，拿出藥方。

然而，別人卻告訴他，那只是一張白紙，上面什麼都沒有。

小瞎子聽了，眼淚不斷地滴落在紙上，他笑了。

老瞎子為什麼騙了小瞎子？如今過去的小瞎子，就像當年的老瞎子一樣，拿著一張什麼都沒有的白紙，但是為什麼反倒笑了呢？

因為他知道，就在拿出「藥方」的那一瞬間，他突然明白了師父的意思。

雖然是一張白紙，但是他從小到老彈斷了一千根琴弦後，已然能了悟這無字藥方的真諦。

## BEST 這樣想比較好

那沒有一個字的藥方是希望之光，是在漫漫無邊的黑暗摸索與苦難煎熬中，師父為他點燃的一盞希望的燈。如果沒有它，他或許早就會被黑暗吞沒，或許早就已在苦難中倒下。

就是因為有這麼一盞希望的燈的支撐，他才堅持彈斷了一千根琴弦。他克服了無數的磨難，其實他的內心早已經是光芒萬丈了。

人生遭遇的不確定狀況、變數，能夠成就我們，也能毀了我們。人生的成就並非取決於我們如何過好日子，而是我們如何度過困厄逆境。沒有人的生活是全然平順，每個人都會遭遇問題。請盡可能將問題視為挑戰，而且不失去希望。請懷抱希望，並相信「好的挑戰代表新的機會」——去學習、去成長、去獲得力量，或去達成更高的目標。

每天給自己一個希望，就是給自己一個目標，給自己一點信心；每天給自己一個希望，我們就不會有時間去嘆息、去悲哀，更不會將生命浪費

在一些無聊的小事情上了。

選擇今天我要找到美好的事，還是要專注於煩惱的事？我們要選擇感恩、寬容，抑或是要讓抱怨、憤怒來折磨我？

去影響周邊的人產生希望、實踐希望，讓希望的信念融入他們的日常生活當中。

## ◎「希望」可以驅動個人的行為

希望，一個很熟悉卻很抽象的字眼，看似無法用科學量化，但其實一直在進行「希望與成就」研究的夏恩‧羅培茲博士（shane j . lopez），透過個人以及委託蓋洛普調查，分析許多來自各行各業、各種年齡層的人，想瞭解他們的希望是什麼？對未來充滿最大希望的人具備何種特質？以及他們能夠有別於一般人的成因。

最終結果證明：希望的意念可以驅動個人的行為，讓人朝著幸福成功的人生方向邁進。

## ◎ 給自己時間，思考希望情境

或許你會問，「希望」與「許願」有何不同？簡單來說，「許願」是一種正面，但被動的想法；而「希望」則是要主動尋求，破除萬難的努力付出，希望才會成真。

給自己一、兩分鐘的時間，好好想想你的希望情境，盡量想像地越清楚越好，如果能訂出一個具體的期許，那麼你才能很明確的找到能量和途

徑。說到這裡，我也決定來實踐微小的希望——兩年後去冰島旅行。

例如冰島，你一直想去那兒旅行，但礙於所費不貲，遲遲無法成行。現在訂出目標，再將尋找旅伴及留意旅遊資訊化為能量，然後從現在開始，每個月提撥六千元做為旅遊基金，這樣訂出希望清單，相信遙遠的冰島就離你不遠了。

你的希望是什麼？快列出希望清單——實踐吧。

## ◎ 遭遇失敗或不如意時，只有放棄或堅持

堅持是人生成功最重要的因素。它意味著：無論遭遇任何困難，仍能保有堅定的決心和意志。如果你願意在跌倒後繼續前進，你就會成功。

堅持是有目的的，它源自一個決定，然後朝著一個目標前進。當你克服困難，堅持自己的目標時，人們通常會在你背後支持並且推動你。

一旦設定了目標，決定全力實現，那麼下一步就是要計算成本。如果你事先知道實現目標所需要的時間與承諾，之後你將不會被任何事阻礙。

遭遇失敗或不如意時，只有兩個選擇：放棄或堅持。

## ◎ 信仰能超越任何理由

面對強大、不可控制的力量所導致的不確定性，即使是在最好的情況下，都會讓人心生恐懼。而信仰，讓你不論是在事業或個人生活，面對逆境挫折時能有所依靠。

信仰超越任何理由，當你不知道如何是好，或是未來將發生什麼，信仰將彌補這之間的鴻溝。

即使面對死亡，信仰讓你選擇繼續活下去；即是遭逢困厄，信仰給你勇於冒險的意願。信仰是你接受而得的禮物，是你選擇而得的決定。

沒有任何事能像信仰一樣。可以讓金錢或權力不足的人迅速信服。

許多人一生都在幻想，只要有足夠的金錢或權力，所有的問題都會消失。然而，當這些人得到財富，很快便發覺金錢能解決的問題少之又少。金錢買不到內心的平靜，無法癒合破裂的關係，不能為原本沒有意義的生活賦予意義。真正的財富，來自上天之手，真正的幸福，來自於對上天的信仰。

## Make you happy 維他命

### 擔任志工吧！

助人為快樂之本，英國艾希特大學研究發現，助人可以有效地增加我們的快樂感受，還能減輕壓力、延長壽命。

# 48 感恩的人總能從挫敗裡再站起來

一個人不可能同時感恩，又感到沮喪，而心存感恩的人比較可能在混亂中看到訊息。雖然有時會被生活擊倒，但感恩的人總會找到理由再站起來，即便是微小的理由。

——美國勵志演說家　史蒂夫‧馬拉博利（Steve Maraboli）

## Case Sharing

一名成績優秀的青年去申請一個大公司的經理職位。

他通過了層層關卡的筆試，接著便等待老闆的最後面試，以做出最後的決定。

老闆從青年的履歷上發現，他的成績非常地優異，從高中到博士的這段期間，從來沒有間斷過。

老闆問：「你在學校裡有拿到獎學金嗎？」

青年回答：「有的，但還是不足夠。」

老闆問：「是你的父親幫你付學費嗎？」

青年回答：「父親在我一歲時就去世了，是我的母親付的學費。」

老闆問：「那你的母親是在那家公司高就？」

青年回答：「我母親是幫人洗衣服的。」

老闆要求青年把手伸給他看，那是一雙寬大且潔白的手。

老闆問：「你幫你母親洗過衣服嗎？」

青年回答：「從來沒有，母親總是要我多讀書，再說，母親洗衣服比我快得多。」

老闆說：「我有個要求，你今天回家，替你母親按摩一次雙手，明天早上，你再來見我。」

青年覺得自己錄取的可能性很大，回到家以後，便高高興興地要替母親按摩雙手，母親受寵若驚地把手伸給孩子。

青年替母親按摩雙手，沒想到，眼淚卻忍不住掉下來了，因為他直到現在才發現，母親的雙手都是脫皮和老繭，而有個傷口在碰到時還會相當疼痛。

青年第一次體會到，母親就是每天用這雙有傷口的手洗衣服來為他付念到博士班的學費，母親的這雙手就是他今天畢業的代價。

青年給母親按摩完雙手之後，便一聲不響地把母親剩下要洗的衣服和碗都洗了。

當天晚上，母親和青年聊了很久很久。

第二天早上，青年依約與老闆見面。

老闆看著青年有一些紅腫的眼睛，問道：「可以告訴我你昨天回家做了些什麼嗎？」青年回答說：「我替母親按摩完雙手之後，幫她把剩下的衣服和碗都洗了。」

老闆說：「請你告訴我你的感受。」

青年說：

「第一，我知道要感恩，沒有我母親，我不可能有現在。」

「第二，我知道要幫忙母親一起做家事，我知道她的辛苦。」

「第三，我知道了親情的可貴。」

老闆說：「我就是要錄取一個會感恩，會體會別人辛苦，而不是把金錢當作人生第一目標的人來當經理。你現在已經被錄取了。」

這位青年後來果真工作努力，深得下屬擁護，幫助公司的業績更加大幅地成長。

## BEST 這樣想比較好

如果一個孩子從小嬌生慣養，習慣了被人圍著、寵著，什麼都是「我」第一，卻不知道父母親的辛苦；出社會之後，還以為同事都應該聽他的；當了主管之後，不知道員工的辛苦，還會怨天尤人，這豈不是太悲哀了嗎？

這樣的人，會有好的學校成績，會有得意風光的一時，但社會上這類型的人，卻都不能成大事，因為他們並不懂得他人的付出，卻會認為別人所為他做的是理所當然的。

而好的人生是從好的態度、品性開始，常懷感恩的人較容易知足、惜福，日子過的也會較為快樂，因為懂的感恩惜福，人緣必定也會很好。俗話說的好，人脈就是錢脈，人緣好，相對地，當人們有什麼好事也容易想到我們，成功的機會就是比別人多。

另外，我們只能自省自己是否常懷感恩之心，卻不能用同樣的標準去審核他人，若一味的用這種標準審核他人，那麼心裡就起了計較之心，什麼都計較來計較去，感恩之心將點滴不留。

## ◎ 感謝那些傷害你的人

感謝傷害你的人，因為他磨練了你的心志；感謝欺騙你的人，因為他增進了你的智慧；感謝中傷你的人，因為他砥礪了你的人格；感謝鞭打你的人，因為他激發了你的鬥志；感謝遺棄你的人，因為他教導了你該獨立；感謝絆倒你的人，因為他強化了你的雙腿；感謝斥責你的人，因為他提醒了你的缺點；感謝所有使你堅強的人。

從現在開始，常懷感恩心，看事情就不一樣了，人生也將有所不同。

## ◎ 感恩，降低人際關係中的緊張

若你能經常表示感恩，還能降低我們對人對事所持續存在的緊張關係。感恩能停止無止盡的負面力量之循環，解開惱人的牽絆羅網。

對每件事情抱持正向的看法，可能會使你成為那些愛嘲弄的朋友不斷譏笑的對象，但就讓我們面對這樣的處境吧！因為，這樣的做法非常具有吸引力效果，將能為你吸引來更多的正向能量。

## ◎ 將「謝謝你」當成咒語來念

每一天都將「謝謝你」當成咒語來念。感謝公車司機、超商店員、保全人員。感謝你的同事、主管、合作廠商，對你吃的食物、穿的衣服、睡的床，也抱持著感恩之心。

感謝你的家人、感謝你的身體尋求平衡的奇蹟、感謝上蒼讓你獲得種種支持的力量（大多數人甚至都沒有意識到），並給予你成長茁壯的機會。

感謝你的生命。假使你有時發現這麼做對你太難的話，就只要表現出

一副心懷感恩的樣子就好。假裝這麼去做，並感受它所挑起的抗拒感受。

所以，你的感謝對象為誰？當你感受感恩之情並說出感恩的對象時，你觀察到什麼？給自己一些時間來思考這些事情。

## Make you happy 維他命

### 每天拍幾張照片！

心理學家建議，每天用相機或手機來拍攝身邊的一些人和事，例如走路時看見的美麗藍天、路邊開花的樹木、附近鄰居家的可愛孩子、剪了新髮型的朋友。將這些隨時都可能被遺忘的生活片段記錄起來，當你下次在整理照片時，你會發現這些生活紀錄，想起所有的過去都是美好回憶，沒什麼好抱怨的，這會讓你變得更能享受生活。

## 自我測驗　平時你是悲觀還是樂觀的人？

西方學者卡貝爾（Cabell）曾說：「樂觀的人宣稱這個世界是所有可能世界中最好的一個，悲觀的人卻惟恐這是真的」生活中我們常常使用「樂觀」這個字眼，我們都喜歡在陽光的朝氣中生活著。思考一下，平常的你給人的感覺是樂觀者還是悲觀者呢？以下的測驗或許可以幫助你。

**1** 你喜歡自己的長相？

　　YES→前往Q2

　　NO→前往Q5


**2** 你每天都會看報紙或書籍？

　　YES→前往Q6

　　NO→前往Q3


**3** 你每天都會換一件衣服穿？

　　YES→前往Q11

　　NO→前往Q7


**4** 身體有一點不舒服你也會很在意？

　　YES→前往Q8

　　NO→前往Q9


**5** 你常常遲到？

　　YES→前往Q6

NO→前往Q4

**6** **在重要日子的前一天都會睡不著？**

YES→前往Q4

NO→前往Q9

**7** **被罵之後都會吃不下飯？**

YES→前往Q10

NO→前往Q11

**8** **喝牛奶前會看有效日期？**

YES→前往Q12

NO→前往Q13

**9** **你會很在意衣褲上的皺摺？**

YES→前往Q8

NO→前往Q10

**10** **你有做筆記或記事的習慣？**

YES→前往Q14

NO→前往Q13

**11** **坐車時你會偷看旁人的雜誌或報紙？**

YES→前往Q15

NO→前往Q10

**12** 你每個月都會存錢？

　　YES→ A 型

　　NO→ B 型

**13** 你認為未來會更不景氣？

　　YES→Q12

　　NO→C型

**14** 你的手錶有秒針？

　　YES→C型

　　NO→D型

**15** 你沒什麼耐心聽別人把話說完？

　　YES→D型

　　NO→Q14

### ○ A型的人 ……☆ 【庸人自擾型】

　　你的人生真是黑白的，沒有一點色彩，不論任何時間、事情都一定會將狀況往最壞的一面想，所以從頭到尾都享受不到快樂。

　　例如辦一個活動，事前就擔心這、擔心那，深怕出錯失敗，即使順利而成功的完成了，你卻一點喜悅也沒有，因為你是個完美主義者，因此自己仍然覺得有很多的不完美而悶悶不樂，真是拿你沒辦法！如果你凡事都不正面思考的話，只會增加一些負面的力量，到最後好事也會變成不好喔！

## ◯━ B型的人 ⋯⋯⋯⋮ 【晴時多雲偶陣雨型】

基本上你是個相當情緒化的人，心情好時說什麼都可以，心情不好時則理都不理人，因此可說沒什麼準則的人。工作時也要看自己心情，例如只是今天心情好，誰要求你幫忙你都會答應，但是如果心情不好，連上司叫你做，你都敢試著去回絕，真叫旁人替你捏一把冷汗。

但這並非成熟人的行為，多控制一下自己的情緒吧！你稱不上正面思考的人，也稱不上負面思考的人，只能說很情緒行事的人。

## ◯━ C型的人 ⋯⋯⋯⋮ 【樂觀進取型】

大致上來說，你算是正面思考的人，遇到事情不會馬上往壞的地方想，會冷靜思考分析一些狀況，且盡量說服自己輕鬆點及愉快面對。

例如，老闆一直增加你的工作量，你雖然有點不爽，但你會自我安慰的想因為老闆信任我，所以才放心交代我去做，絕不會想老闆覺得我太閒，所以給我增加工作，如此正面思考的你不但能夠比別人成長得快，也比別人過得快樂，相信你的人生也是多采多姿。

## ◯━ D型的人 ⋯⋯⋯⋮ 【無憂無慮型】

與其說你是個正面思考的人，還不如說是個少根筋的樂天主義者，因為你的神經很大條，不容易去接受一些訊息感覺，所以也不容易受影響，當然這樣也有好也有壞，好的是這種人活得比較自我，不好的是由於不會察言觀色，所以容易得罪別人。

由於你很樂觀，因此凡事都先做了再說，根本不會想到後果，所以也有可能常讓同事在後面幫你擦屁股，當然偶爾也會誤打誤撞讓你一炮而紅，但畢竟這機會並不多。

## 📁 參考資料

- 杜玉蓉譯（民國89年），情緒勒索，台北市：智庫文化。

- 張怡筠（民國89年），情緒勒索導讀，台北市：智庫文化。

- 林亞屏譯（民 92）。鑽出牛角尖。台北：遠流。

- 南琦（民 93）。情緒自療 Easy Go。台北：遠流。

- 修慧蘭（民 92）。諮商與心理治療：理論與實務。台北：雙葉。

- 陳逸群譯（民 91）。艾里斯。台北：生命潛能。

- 張美惠譯（民 85）。EQ-Emotional Intelligence。台北：時報文化。

- 黃惠惠（民 91）。情緒與壓力管理。台北：張老師。

- 樊中原（2004），「認識職場情緒勒索」，銘傳一週第593期。

- 王叢桂、羅國英（民96）：華人管理者與情緒智能講師對情緒智能之認知差異。本土心理學研究，27期，231-298頁。

- 黃囇莉（民88）：人際和諧與衝突：本土化的理論與研究。台北：桂冠。

- 吳宗祐（民92）：工作中的情緒勞動－概念發展、相關變項分析、心理歷程議題探討。國立台灣大學心理學研究所博士論文。

- 陳怡伶（民國93年），「職場情緒勒索認知與員工效能關聯性之研究」，實踐大學企業管理研究所之碩士論文。

# 出書，是最直接有效的品牌保證

## 建立專業形象‧宣傳個人理念‧擴大企業品牌影響力

**創見文化**提供您**客製化自費出版**服務，創造專屬亮點！

你知道有出書的人和沒有出書的人差別在哪裡嗎？

**1.** 是你在市場上專家及區隔的證明；

**2.** 作為你與人接觸的最佳名片；

**3.** 是你前進任何市場的前線部隊、不眠不休的業務員；

**4.** 出書者將擁有對對手不公平的競爭優勢，創出名人效應。

對於企業來說，一本宣傳企業理念、記述企業成長經歷的書，是一種長期廣告，比花錢打一個整版報紙或雜誌廣告的效果要好得多，更能贏得更多客戶的認同和信任。**客製化自費出版，能讓讀者成為你的通路，書本成為你的業務員，倍增業績！**

● 業務部門

創見文化是台灣具品牌度的專業出版社，以商管、財經、職場等為主要出版領域，深受讀者歡迎

● 倉儲物流部　與業界肯定！我們擁有專業的編輯、出版、經銷等專業人才，提供你一條龍式的全方位自費出版服務，為您嚴格把關書籍品質，提供市場能見度。有關出版的大小事，請通通交給我們！

● 圖書閱覽室

只要你有專業、有經驗撇步、有行業秘辛、有人生故事……，不論是建立專業形象、宣傳個人理念、企業品牌行銷……

── 出書，請找創見文化，我們有──

**最專業的出版團隊** ✚ **最實惠的代製價格** ✚ **最完整的發行網絡**

想了解自資出版的更多細節與優惠方案嗎？

☎ 02-22487896 分機 302 蔡小姐　✉ mail：iris@mail.book4u.com.tw

# 2015
# 世界華人八大明師大會

## 打造自動賺錢機器，建構自動創富系統

您是否曾經——

### 動過創業念頭？ 期望得知成功的捷徑？

### 希望財務自由？想讓事業快速發展茁壯？

### 想突破現狀嗎？現在，開啟財富大門的鑰匙就在您手上！

　　別再獨自盲目摸索，站上八大明師的肩上，懂得借力，才能搭上通往成功的直達車！2015 世界華人八大明師大會由首席名師 Business Model 第一人——**王擎天博士與亞洲第一創業實戰導師洪豪澤老師、最高效能訓練師王鼎琪老師**……等兩岸頂尖專家組成的超強講師團隊，於 Business Model、微行銷、建構極速行銷系統等領域暢談其成功之鑰……絕對精彩、肯定超值，保證讓您——天下所有的生意都可以做、所有的錢都可以賺！

## 成功機會不等人，立即報名～

### 2015 世界華人 八大明師 【台北場】

日期：**2015/6/6、6/7、6/13、6/14、6/27**
（每週六、日）

時間：9：00 ～ 18：00

地點： 台北矽谷（**捷運大坪林站**）
新北市新店區北新路三段 223 號

票價：原價 29800 元，**推廣特價 9,800 元**
（加入王道增智會會員可享最大優惠）

 王道增智會

詳細課程內容與講師介紹請上官網查詢

silkbook◇com 新絲路網路書店

客服專線 (02)8245-9896　　www.silkbook.com

# 教你如何在狼群同事、老虎主管、獅子老闆中快活生存！

## 《小白領職場夾殺求生術》

職場溝通專業講師 陳青 / 著

定價：260 元

**菜鳥如何學飛？老鳥如何高飛？
笨鳥如何快飛？**

升遷已經滿位，無法向上爬
風水已經不會輪流轉，基層就是基層
媳婦只能熬成老媳婦，助理還是助理
本書教小白領如何在夾縫中求生存，
由黑轉紅！
自己的職場運勢自己轉！

## 別以爲找到工作就是美好的開始，留得住工作而且做得愉快才是學問！

# 唯一獲得世界銷售冠軍
## 喬·吉拉德親筆推薦的書

## 《絕對成交》

創富教育首位華人導師 **杜云生** 著

定價：300 元

**最實戰有效的銷售訓練經典，**

使用本書方法讓作者 25 歲就月收入超過 500 萬，

二年內從 0 變成億萬富翁！

> 喬·吉拉德說：
> 「學習喬·吉拉德，成為世界第一，
> 學習此書，你將超越世界第一！」

# 世界500強企業的人資主管，
## 告訴你找工作該知道的背後祕密！

## 《老闆到底要什麼？》

獵頭人資主管首度公開求職者的錄取祕辛

專業資深獵頭顧問 **林徐秀清** 著

定價：260 元

從事獵頭、企業諮詢、與高層管理人員培訓的
菁英 HR，
毫不藏私傳授求職者**順利錄取**的實戰技巧。

www.silkbook.com　　行銷總代理 采舍國際　　創見文化　　www.silkbook.com

# 人資沒說的事——
## 懂你的上司，工作才會順！！
➡ 你能選擇工作，但主管卻不是你可以選的！

### 《主管不是難相處，而是你不懂他》

溝通訓練專家 鄭茜玲◎著

上司難相處，真的只能任他擺佈嗎？
主管惹人厭，難道只能離職走人嗎？

**教你這樣和他互動，不怕做白工！**
**再難搞、再機車的主管現在都挺你！！**

Managing Up！How to Get Ahead with Any Type of Boss.

# 別習慣向明天賒帳，
## 未來的你不一定就能改掉今天的惡習！
➡ 讓內心的擋路石，變成你最強大的墊腳石！

### 《免痛苦！不拖延的超強自控力》

企業管理專業顧問 林均偉◎著

改變不了拖延的壞習慣，
10年之後，你還是放棄夢想的你。

**今天開始都還來得及，**
**一本有效擺脫拖延、還免痛苦的自控力強化指南**

Happier～how to improve your self-control

# 我們改寫了書的定義

創辦人暨名譽董事長　王擎天
總經理暨總編輯　歐綾纖　　　印製者　家佑印刷公司
出版總監　王寶玲

法人股東　　華鴻創投、華利創投、和通國際、利通創投、創意創投、中國電
視、中租迪和、仁寶電腦、台北富邦銀行、台灣工業銀行、國寶
人壽、東元電機、凌陽科技(創投)、力麗集團、東捷資訊

◆台灣出版事業群　　新北市中和區中山路2段366巷10號10樓
　　　　　　　　　　TEL：02-2248-7896
　　　　　　　　　　FAX：02-2248-7758

◆北京出版事業群　　北京市東城區東直門東中街40號元嘉國際公寓A座820
　　　　　　　　　　TEL：86-10-64172733
　　　　　　　　　　FAX：86-10-64173011

◆北美出版事業群　　4th Floor Harbour Centre　P.O.Box613
　　　　　　　　　　GT George Town, Grand Cayman,
　　　　　　　　　　Cayman Island

◆倉儲及物流中心　　新北市中和區中山路2段366巷10號3樓
　　　　　　　　　　TEL：02-8245-8786
　　　　　　　　　　FAX：02-8245-8718

全　國　最　專　業　圖　書　總　經　銷

行銷總代理
采舍國際　Diamonds　CH.　Diamond
台灣射向全球華文市場之箭

☑發行通路擴及兩岸三地　☑行銷團隊陣容堅強　☑實踐最大圖書實銷量
洽詢電話(02)8245-8786 地址新北市中和區中山路二段366巷10號3樓 WWW.SILKBOOK.COM

國家圖書館出版品預行編目資料

立即免疫，讓你一輩子都好脾氣的8個Q對策 / 林
均偉 著. -- 初版. -- 新北市中和區：創見文化，
2015.1　面；公分 (成功良品；80)
ISBN 978-986-271-568-0 (平裝)

1.情緒管理　　2.生活指導

176.52　　　　　　　　　　　　　　103023783

立即免疫，
讓你一輩子都**好脾氣**的
**8**個**Q**對策
Happiness
How to improve your 8Q.

## 成功良品 80

# 立即免疫，讓你一輩子都好脾氣的8個Q對策

**創見文化**・智慧的銳眼

本書採減碳印製流程
並使用優質中性紙
（Acid & Alkali Free）
最符環保需求。

作者／林均偉
總編輯／歐綾纖
文字編輯／馬加玲
美術設計／蔡億盈

郵撥帳號／50017206 采舍國際有限公司（郵撥購買，請另付一成郵資）
台灣出版中心／新北市中和區中山路2段366巷10號10樓
電話／（02）2248-7896　　　　　傳真／（02）2248-7758
ISBN／978-986-271-568-0
出版日期／2015年1月

全球華文市場總代理／采舍國際有限公司
地址／新北市中和區中山路2段366巷10號3樓
電話／（02）8245-8786　　　　　傳真／（02）8245-8718

全系列書系特約展示
新絲路網路書店
地址／新北市中和區中山路2段366巷10號10樓
電話／（02）8245-9896
網址／www.silkbook.com

創見文化 **facebook** https://www.facebook.com/successbooks

本書於兩岸之行銷（營銷）活動悉由采舍國際公司圖書行銷部規畫執行。

線上總代理 ■ 全球華文聯合出版平台 www.book4u.com.tw
主題討論區 ■ http://www.silkbook.com/bookclub　　● 新絲路讀書會
紙本書平台 ■ http://www.silkbook.com　　　　　　　● 新絲路網路書店
電子書平台 ■ http://www.book4u.com.tw　　　　　　● 華文電子書中心

Ｂ 華文自資出版平台
www.book4u.com.tw
elsa@mail.book4u.com.tw
ying0952@mail.book4u.com.tw
全球最大的華文自費出版集團
專業客製化自助出版・發行通路全國最強！

創見文化，智慧的銳眼
www.book4u.com.tw    www.silkbook.com

創見文化，智慧的銳眼
www.book4u.com.tw    www.silkbook.com

創見文化，智慧的銳眼
www.book4u.com.tw　　www.silkbook.com

創見文化，智慧的銳眼
www.book4u.com.tw　www.silkbook.com